Préface

Mon cher Jacques,

J'ai apprécié ton Jésus. *On y retrouve ton esprit toujours en quête d'authenticité, cherchant une base historique, et cela jusque dans tes romans. Loyalement, longuement, tu as scruté les œuvres des exégètes pour présenter une figure historique du Christ. Tu t'es emparé de sa personne, comme moi, quand j'étais professeur, j'aurais pu m'emparer d'Atatürk pour vérifier le bien-fondé des documents le concernant. Je ne suis pas capable de me hisser à ton niveau. Si j'ai osé écrire une « réponse » à ton ouvrage, c'est évidemment sur un autre plan.*

Car, pour ce qui est de Jésus, ma vérité à moi n'est pas de l'ordre du « comprendre », mais elle relève du « connaître », qui nécessite l'amour. Depuis plus d'un demi-siècle, en effet, c'est une relation d'amour que je poursuis avec le Christ. Et cependant, j'ai compris, comme saint Augustin, que je n'arriverai jamais à le connaître dans sa totalité. Souviens-toi du trou dans le sable et de l'enfant courant vers la mer de Carthage avec son coquillage. Augustin, qui méditait un ouvrage sur Dieu, l'apostrophe : « Que fais-tu ? — Je vais mettre toute l'eau de la mer dans ce trou. »

Vois-tu, Jacques, j'ai renoncé à mettre Dieu dans un trou. Voici les simples pages de ma recherche à moi.

Ton amie, Emmanuelle

Chère Sœur Emmanuelle,

En vérité, j'avais plutôt envie de vous appeler chère Madeleine puisque j'ai appris, en lisant votre si beau texte, que c'était votre premier prénom. Et ce prénom était celui de ma mère, et de ma sœur. J'écris « était » parce qu'elles sont mortes toutes les deux. Ma sœur à l'âge de dix-huit ans. C'était en 1941 à Dunkerque. Elle avait pris froid, la nuit, en descendant à la cave où nous avait précipités un bombardement de l'aviation anglaise. Nous n'avons jamais très bien su ce qui s'est passé ensuite. Le médecin a parlé de broncho-pneumonie, puis d'abcès au poumon, de phtisie galopante, autrement dit de tuberculose foudroyante. Elle est morte après dix-huit jours. La nuit de sa mort, tandis qu'elle râlait dans la chambre voisine, nous étions agenouillés, mon frère et moi, les gamins, dans l'autre pièce de ce minuscule appartement, agenouillés devant une de ces grosses cuisinières émaillées comme il en existait alors. Parce que derrière cette grosse cuisinière, il y avait une cheminée. Et sur cette cheminée, un crucifix. Et nous avons prié pendant des heures, pour qu'elle vive.

Je n'ai jamais raconté cela à personne. Et même aujourd'hui, en l'écrivant, je doute, je me demande si j'ai raison de le faire, s'il n'y a pas quelque impudeur à livrer ce que fut cette nuit-là. Mais vous avez le don, la grâce, appelez cela comme vous voudrez, de susciter les confidences. Et puis, vous avez connu très jeune l'épreuve de la mort d'un proche, vous vous êtes cognée, toute votre vie, à la souffrance, au mal. Pourtant vous avez toujours vécu dans la joie, celle que donne l'espérance et qui ne gomme pas la lucidité.

Jésus était un homme joyeux. Par définition, si j'ose dire, puisqu'il était porteur de la Bonne Nouvelle, puisqu'il venait annoncer que Dieu, son père, était l'amour infini, comme le père du fils prodigue qui n'adresse à celui-ci aucun reproche pour sa conduite passée, mais organise dès son retour une grande fiesta. Tout le contraire d'un juge donc, d'un Dieu vengeur qui passerait son temps à scruter nos reins et nos cœurs à la recherche de nos mauvaises pensées ou à mesurer sur une balance de pharmacien, au millième de milligramme près, le poids de chacun de nos péchés, de nos manques d'amour.

Jésus était un homme joyeux. Pourtant, il a dû connaître parfois, quand il allait par les chemins, des situations aussi rudes que les chiffonniers parmi lesquels vous avez vécu. Mais, comme vous l'écrivez, ils vivent aussi, par instants, dans la joie. Il existe deux passages de l'Évangile, l'un chez Luc, l'autre chez Matthieu, que l'on ne cite jamais, comme s'ils étaient scandaleux, et qui relatent la même scène : Jésus constate que les Juifs l'appellent l'« ivrogne » et le « glouton ». Bien entendu, ils le caricaturaient, ils forçaient le trait, c'étaient ses adversaires qui le nommaient ainsi. Mais on peut en déduire qu'il ne détestait pas les nourritures terrestres, qu'il était convivial, comme on dit aujourd'hui, qu'il aimait rencon-

trer les autres autour de la table, lieu de l'échange et de la fête. D'ailleurs, bien des scènes de l'Évangile se passent lors de repas.

Jésus était joyeux, donc. Or, je ne sais si vous l'avez noté, on ne trouve guère d'images de Jésus souriant ou riant, sauf quand on le représente sur la paille, dans la crèche, cette crèche qui vous a tant marquée, pour la vie, et c'était peut-être aussi pour cela, après tout, parce qu'il semblait heureux de vivre, et qu'il l'était. Cela m'impressionne beaucoup : pour annoncer la bonne nouvelle, la plus fabuleuse des nouvelles, tellement merveilleuse que beaucoup ne veulent pas y croire, à savoir que nous sommes les fils de Dieu, appelés à vivre avec lui, dans son intimité, on nous présente d'ordinaire un personnage qui souffre, qui est supplicié, ou dont le visage n'exprime qu'une infinie tristesse ; parfois, au mieux, une sérénité bienveillante. Jamais, à ma connaissance, un visage rayonnant de bonheur.

C'est pourquoi j'ai aimé votre livre. Parce qu'il dit le contraire, parce qu'il montre le contraire, parce qu'il respire la joie.

Cela dit, et puisqu'on se dit tout, vous m'avez quand même fait sursauter. Dans votre chapitre IX, quand vous écrivez : « Lui [Jésus], il sait que, pour que son Père nous pardonne tout le mal et toutes les souffrances que nous infligeons aux autres, il faut qu'il aille jusqu'à la mort. » Que le péché du monde, et pas seulement X ou Y, Pilate ou les grands prêtres de Jérusalem, soit responsable de la mort de Jésus, me paraît évident. Dans un monde qui ignorerait le mal et le péché, il n'aurait pas été crucifié. Non, ce qui me gêne,*

* Voir chap. IX, p. 105.

c'est l'idée, trop répandue, qu'il fallait qu'il meure pour que son Père nous pardonne. Comment, Dieu, qui est l'amour infini, aurait eu besoin du sacrifice de son propre Fils, pour réparer, pardonner nos fautes ? Dieu serait compromis dans l'assassinat de son Fils ? Lui qui pardonne soixante-dix-sept fois, autrement dit toujours, aurait voulu, par la mort de son propre Fils, c'est-à-dire de lui-même, assouvir je ne sais quel besoin de réparation ? On comprend que les premiers disciples de Jésus aient d'abord interprété sa mort comme cela : ils étaient habitués à considérer Dieu comme Quelqu'un à qui il fallait offrir des sacrifices. Et Jésus lui-même, alors qu'il est venu abolir les sacrifices, a un peu employé ce type de raisonnement, ce langage. Parce qu'il était pédagogue : il a utilisé des images — l'agneau pascal par exemple — que les hommes de son temps pouvaient comprendre. Mais il n'est pas mort pour faire plaisir à son Père, pour compenser nos fautes dans la balance divine. Cela ne veut pas dire qu'il n'est pas mort pour nous. Oui, il est mort pour nous : parce qu'il s'est fait l'un de nous (tout en étant Autre bien sûr) et a accepté, pour nous révéler qui était Dieu, de mourir comme nous et même de souffrir beaucoup plus que la plupart d'entre nous puisqu'il a été martyrisé.

Tout cela, ce ne sont pas des idées de Jacques Duquesne. Je m'empresse de le dire, parce que depuis que j'ai écrit ce Jésus dont vous parlez dans votre lettre (et où je ne le compare quand même pas à Atatürk !) je passe aux yeux de certains pour une sorte d'hérétique. Alors, je vais citer quelqu'un — non pour m'abriter, ouvrir je ne sais quel parapluie protecteur, mais pour montrer que je ne suis pas seul à penser ainsi. Ce quelqu'un devrait rassurer ceux qui me prennent pour une sorte d'hérétique : c'est le cardinal Ratzinger. Voici ce qu'il a écrit : « Certains textes de dévotion semblent suggérer que la foi chrétienne en la Croix se représente un Dieu dont la justice inexorable a réclamé un sacrifice humain, le sacrifice de son propre Fils. Autant cette image est répandue, autant elle est fausse[1]. »

Je suis certain que vous en êtes d'accord. Et si je me suis un peu étendu sur ce sujet — vous m'en excuserez — c'est parce que cela me tient à cœur, bien sûr, et aussi pour éviter toute confusion, toute mauvaise interprétation de votre pensée. D'ailleurs, vous l'avez écrit vous-même dans ce beau livre : « Je ne comprends pas le mot sacrifice. » Mais vous comprenez le mot amour. Et vous en vivez, dans la joie.

On ne peut quand même pas échapper au problème, disons plutôt à la formidable question, qui détourne de Dieu tant de gens : l'existence du mal. Vous l'abordez avec beaucoup de courage, avec beaucoup d'humilité aussi. Comme vous l'avez écrit : on ne peut pas mettre « Dieu dans un trou ». Il est tellement hors de nos normes, de nos idées, qu'il faut accepter parfois de dire : eh bien, là, je ne sais pas. Mais il faut quand même chercher à comprendre un peu : Dieu ne nous veut pas idiots ou bornés. La question du mal, je me la pose, je crois, depuis que j'ai vu mourir ma sœur. Et puis, j'ai entendu des théologiens, comme le père Varillon et le père Chenu, ou des prêtres bien moins connus — comme l'abbé Kannengrieser, qui fut mon aumônier de lycée et dont la réputation n'a malheureusement pas dépassé un tout petit cercle, c'est pourquoi je cite ici son nom. Ce que j'ai cru retenir de ce qu'ils disaient, c'est que la Création n'était pas terminée, qu'elle était une Histoire, que Dieu était à l'œuvre dans notre histoire à nous, les hommes, pour réduire le chaos initial, pour lutter contre le mal, et que nous étions ses alliés, nous, les hommes, pour poursuivre la Création, que c'était le sens de la Nouvelle Alliance scellée chaque fois qu'est célébrée l'Eucharistie. Alors, chaque fois que nous mettons un peu de beauté dans le monde, chaque fois que nous y mettons un peu de fraternité, chaque fois qu'une mère embrasse son fils, ou un homme celle qu'il aime, chaque fois qu'un peintre fait un beau tableau, qu'un architecte construit un superbe monument ou conçoit une maison confortable pour des sans-logis, chaque fois qu'une sœur Emmanuelle donne sa vie, comme le Christ, pour les plus pauvres, chaque fois qu'un laboratoire invente un nouveau médicament, c'est la Création qui se poursuit, qui avance.

Ma sœur est morte en 1941, je l'ai dit. Cinq ans plus tard, on aurait pu la guérir. Parce que entre-temps un certain monsieur Fleming avait découvert la pénicilline. Parce que la Création avait avancé.

Vous, dans vos écoles et vos bidonvilles, vous avez fait, à votre manière, avancer la Création. Je vous en rends grâce. Et si vous le permettez, avec tout le respect que je vous dois, je vous embrasse.

Jacques DUQUESNE

Avant-propos

... tel que je le (la, les) connais

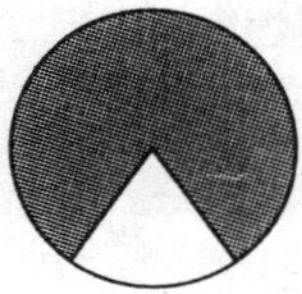

J'ai toujours aimé l'aventure. Si Dieu me prête vie, je voudrais lancer une petite collection de fascicules avec ce sigle : un angle étroit dans une large circonférence. Il représente l'« étroite » connaissance que j'ai sur un large sujet. Bien loin de prétendre le circonscrire dans sa totalité, je tente simplement de lui apporter un éclairage partiel qui nécessiterait d'autres lumières complémentaires, voire des colorations opposées... que le lecteur voudra bien chercher chez d'autres.

Sur terre, toute vérité est complexe et embrasse des aspects contradictoires : en tout et en chacun s'entremêlent le bon et le mauvais, comme les fils de la trame. Quel est l'homme, la chose, l'événement qui ne comportent des aspects opposés ? Mon tempérament me porte à repousser le négatif : je ne vois pas la vie en noir, mais en rose, dans la clarté. Cela m'a permis, même à travers une humanité chargée de faiblesses et parfois responsable d'actes horribles, de pouvoir déceler dans un ciel noir un petit coin clair : il y a de l'espoir ! Je reste fascinée par le feu qui couve sous la cendre ; c'est ainsi que je garde mon tonus pour me battre avec tous les générateurs de vie... et ils sont nombreux.

Le propos de ce livre, *Jésus tel que je le connais,* est simplement de livrer ma petite part d'expérience, ce que j'ai pu connaître du Compagnon avec qui, durant quatre-vingts ans, j'ai marché dans un chemin épanouissant, incarné dans l'amour des autres. Il a provoqué jusque dans mon sang le bouillonnement d'une double passion : pour celui qui est né à Bethléem de Juda, a souffert et a été mis à mort au Golgotha... et pour ceux qui naissent, souffrent et meurent comme lui ici-bas.

Cette double lancée se renouvelle par un regard sur le crucifix où je le vois pendre : Tu m'as aimée, tu nous as aimés jusqu'à la Croix. Tu m'as projetée dans une existence de « tonnerre », où j'ai passé par des jours d'enthousiasme fou et de furieuse déprime, de confiance absolue et de doutes angoissés. Mais en fin de compte, à travers émerveillement et désespérance, tu m'as toujours fascinée.

Jésus-Amour, tu as été mon vainqueur, tu m'as enseigné à vivre. Toi, dont le mystère est insondable, je voudrais te décrire, simplement, « tel que je te connais ».

Chapitre I

Pauvre et nu

Soeur Emmanuelle est née en 1908

C'était en décembre 1914. Je venais d'avoir six ans. Nous étions réfugiés en Angleterre. Les Allemands avançant sur Bruxelles — où j'étais née, deuxième enfant d'un père français et d'une mère belge — nous avaient obligés à prendre le dernier bateau qui avait osé la traversée.

Ce jour-là nous nous promenions, ma mère, ma sœur Marie-Louise et mon petit frère Jules, dans les rues de la banlieue de Londres où nous avions loué un appartement. Tout naturellement — ma mère était très croyante —, nous sommes entrés dans une église. Il y a plus de quatre-vingts ans, mais je me souviens, comme si c'était hier, du choc que j'ai ressenti quand ma mère m'a prise par la main pour me montrer la crèche. Éclairé par une petite lampe, il y avait là un bébé nu couché sur de la paille. Interloquée, j'ai demandé à ma mère : « Qu'est-ce qu'il fait là, le bébé ? » Ma mère a répondu : « Tu ne te souviens pas, tu l'as déjà vu l'année dernière. On a fait une crèche parce que ce sera bientôt Noël. — Ah oui, Noël, qu'est-ce que j'aurai comme cadeau, maman ? — Ce n'est pas cela qui compte, ma chérie. Regarde bien ce bébé. C'est Jésus. Il est descendu du ciel. — Pourquoi est-il descendu du ciel ? Tu m'as dit que papa est au ciel. On y est bien, non ? — Oui, mais lui, qui est Dieu, il est venu sur terre pour partager la vie des hommes. Parce qu'il nous aime. — S'il est venu pour ça, pourquoi n'a-t-il pas un joli berceau en dentelle comme Julot ? — Parce que ses parents n'ayant pas assez d'argent pour payer l'hôtel ont dû s'installer dans une grotte et coucher leur enfant sur la paille. L'âne et le bœuf lui soufflent dessus pour le réchauffer. Tu comprends ? Jésus a voulu partager la vie des gens pauvres. »

Partager la vie des gens pauvres. Cette phrase-là a secoué mon cœur. Maintenant, après coup, je comprends pourquoi elle m'avait tellement bouleversée : j'étais pauvre moi-même. À peine quatre mois plus tôt, alors que je jouais dans le sable d'une plage près d'Ostende, j'avais vu mon père disparaître dans les flots pour ne plus jamais revenir. Je ne parlais pas de lui, mais je pleurais souvent et, chaque fois que ma mère me grondait, je me disais : « Si Papa était encore là, il m'aurait prise dans ses bras pour me consoler. » J'avais — comme nous l'avons tous, sans doute, d'une certaine manière — un manque. Je dirais même carrément un « trou ». Un trou que ce petit bébé Jésus, avec tout le merveilleux qui l'entourait, est venu remplir. Je le regardais, couché sur la paille, qui me tendait les bras, et je lui disais : « Je t'aime de tout mon cœur. Comme Papa ! » C'est fou comme un enfant a besoin d'un amour qui s'engouffre dans son cœur quand il a été blessé !

Je me souviens aussi que, chaque soir, ma mère nous faisait prier. À genoux, les mains jointes, ma sœur, mon frère et moi, nous nous adressions à la mère de Jésus, si proche de nous, si humaine, en murmurant : « Je vous salue, Marie, pleine de grâce. » Une bénédiction, un baiser et vite, on filait au lit. Parfois, avant de m'endormir, je parlais à l'enfant de la crèche : « Petit Jésus, comme tu as dû avoir froid, tout nu sur la paille. Si j'avais été là, à Bethléem, je t'aurais pris avec moi sous les couvertures. Tu aurais quand même eu plus chaud qu'avec un âne et un bœuf ! »

D'une façon confuse encore — car, petite fille, évidemment, je ne comprenais encore rien à l'Incarnation — j'ai entrevu deux choses qui allaient me marquer pour le reste de ma vie : que le bonheur et la sécurité que j'avais vus disparaître en une seconde lors de la mort de mon père étaient remplacés par un plus grand bonheur et une plus grande sécurité apportés par un Dieu-Amour. Et deuxièmement — du fait que Dieu ait voulu être ce petit enfant nu et pauvre — que le complètement pauvre, nu et dépouillé, est précisément ce qui est le plus grand, qui a le plus de valeur à ses yeux. Pour preuve : toutes ces personnes qui, autour de nous, dans l'église, venaient prier et adorer ce bébé.

Je crois que les appels de la petite enfance sont ceux qui sont les plus déterminants pour une vie. « La paille », vue comme un symbole, est devenue pour moi, à partir de cette expérience de la crèche de Noël à Londres, un idéal.

Ce que mon inconscient de petite fille avait compris, ce que mon intuition avait saisi — que Dieu se rencontre dans le dénuement —, j'ai pu le voir confirmé, bien plus tard, par une phrase de l'Évangile. Une phrase de l'Évangile de Matthieu qui me revient souvent : « Le Fils de l'homme n'avait pas une pierre où reposer la tête[2]. » Autrement dit : il couchait sur le sol nu, comme on le fait encore en Palestine aujourd'hui. Eh bien, la conscience qu'il y a, de par le monde, des gens, des enfants surtout, qui couchent à même le sol ou sur la paille, et qui sont donc l'incarnation de Dieu sur terre, a touché profondément la petite fille de bonne famille bourgeoise que j'étais. Si profondément que sur la lancée de cette intuition j'ai décidé, dès « l'âge de raison », à douze ans, de tout quitter pour me faire religieuse. Et je le suis devenue. Mais du fait de l'interdiction, en vigueur avant le concile Vatican II, pour les religieuses de quitter leur couvent, j'ai dû attendre l'âge de soixante-deux ans pour pouvoir enfin vivre pauvre avec les pauvres. J'en avais, en vain, exprimé le désir maintes et maintes fois. Au prix de terribles déchirements : chaque fois on m'avait répondu que la règle exigeait de rentrer avant le coucher du soleil. Ils furent longs les quarante ans d'attente ! Enfin le Concile demanda aux consacrées actives de porter davantage au monde extérieur l'amour du Seigneur.

Il est une autre phrase de l'Évangile qui m'a toujours beaucoup interrogée, c'est quand Jésus dit à ses disciples : « Quand vous partez, ne prenez pas la moindre petite monnaie dans votre ceinture. Ne prenez qu'une seule tunique, pas de sandales. N'ayez rien et marchez[3]. » Or, nous autres missionnaires, nous nous déplaçons avec des malles remplies de vêtements chauds et légers, et l'une ou l'autre commodité. Aujourd'hui, que nous dirait le Christ ? Personne n'a jamais su me répondre. Attention, que l'on me comprenne bien. La pauvreté en elle-même ne m'intéresse absolument pas. Personnellement, j'aurais plutôt tendance à aimer le luxe et la belle vie. Ce n'est pas la pauvreté qui m'appelle, c'est le Christ pauvre. Dont la paille est devenue pour moi le symbole en signifiant que Jésus a voulu vivre avec les pauvres et non avec les riches. D'ailleurs, il le dit souvent dans l'Évangile : « Malheur aux riches » et « Bienheureux les pauvres ». Tout au long du Nouveau Testament ces recommandations reviennent comme un leitmotiv : « Laissez tout », « Vendez tout ce que vous possédez ». Celui ou celle qui veut suivre le Christ doit obligatoirement passer par là.

Je sais. Ce n'est pas toujours facile à réaliser, sauf dans un bidonville où l'on est naturellement porté à vivre comme les autres, en partageant la miche de pain et le logis misérable. Combien j'aurais préféré finir mes jours au milieu de mes chers frères et sœurs chiffonniers. Mais mes supérieures ont insisté pour qu'à quatre-vingt-cinq ans je parte me reposer (je n'en avais guère envie...) dans cette maison de retraite en France. Mes successeurs, maintenant, font très bien marcher les différentes œuvres. Je suis donc entrée dans ma nouvelle vocation d'« orante », priant de longues heures pour le monde. Voilà l'essentiel de ma vie depuis trois ans, bien nourrie, bien chauffée, disposant d'une petite chambre munie de tout ce qu'il faut, je mène presque une vie de pacha. Trop riche, à mon goût, trop privilégiée. Dès que l'occasion se présente, je cède, avec joie, ma chambrette aux amies de passage. J'ai visité à Assise la misérable cabane où s'est éteint saint François. C'est comme lui que j'aimerais mourir, la tête à même le sol, parmi ceux qui m'ont accueillie pendant vingt-deux ans. Le « manque » que représentent les pauvres m'aspire toujours. Si mes supérieures, par extraordinaire, me donnaient l'ordre de retourner vivre chez les chiffonniers, je reprendrais l'avion dans les vingt-quatre heures qui suivraient. Mon idéal, le symbole de la paille, est devenu une partie de moi.

Chapitre II

Il m'aime, moi !

Revenons au passé lointain. Le deuxième fait qui m'a lancée sur les pas de Jésus-Christ fut, en 1918, ma première communion et sa préparation. Nous habitions alors à Paris où, en attendant de pouvoir regagner Bruxelles, ma mère avait trouvé refuge auprès de notre grand-mère Cinquin.

Un jour, donc, me prenant à part, Maman me dit : « Madeleine (Madeleine est mon nom de baptême), tu approches de tes dix ans. Bientôt arrivera le moment de faire ta première communion. » Je bondis de joie : « Oh, Maman, je porterai une belle robe blanche avec un grand voile blanc. Comme une mariée ! Et on me fêtera avec un grand gâteau et tout plein de cadeaux ! » J'entends encore la réponse de ma mère, ma mère qui m'a si bien formée : « Madeleine, m'a-t-elle dit, le plus important, ce jour-là, sera de te rendre compte que Jésus t'aime et de montrer que tu es prête à l'accueillir. Ta belle robe et ton joli voile serviront à exprimer que tu veux le recevoir avec une âme toute blanche et avec un cœur pur ! »

Jésus m'aime, il est descendu du ciel pour moi ! Comme c'est beau ! J'étais une petite fille très romantique. Ce soir-là, dans mon lit, je vois les images danser devant mes yeux. Papa me sourit de derrière un nuage blanc. Sur un autre nuage je vois Jésus, le visage plein de tendresse, qui descend vers moi en me tendant les mains. Le vent gonfle ma robe en dentelle blanche et fait virevolter autour de ma tête le grand voile de tulle. Il y a aussi un immense gâteau sur lequel on a inscrit avec de la crème blanche « Jésus-Madeleine ». Tout paraissait merveilleux.

Celui que nous appelions monsieur l'abbé ou tout simplement l'abbé — un vicaire de la paroisse Saint-Vincent-de-Paul — avait donné à tous les enfants un petit Évangile (qu'il a fallu rendre à la fin du parcours). Le mien était tout sale, tout écorné, mais je ne me lassais pas d'y lire et relire l'histoire de l'enfant couché sur la paille. Comment ? Il s'est contenté d'exercer, comme son père, le simple métier de charpentier ? Toujours ce choix pour la pauvreté qui me captivait. Mais ce qui m'a réellement fascinée — comme une fillette de dix ans peut l'être —, c'est l'épisode de Gethsémani. À tel point que j'avais, comme on le faisait en ces temps-là, appris ce passage de l'Évangile de Matthieu [4] par cœur. Gethsémani, c'est la nuit où Jésus est entré dans le jardin de ce nom. Il sait qu'il va mourir et il dit : « Mon âme est triste à mourir. » L'abbé nous avait expliqué que Jésus était triste parce qu'il portait dans son âme, dans son cœur, tout le mal de la terre — les hommes qui se haïssent, qui se font la guerre —, mais aussi tout le manque d'amour. Par exemple, moi, quand je faisais des colères et que je donnais des coups à mon frère Julot. Dans mon petit Évangile, il y avait une phrase qui avait particulièrement stimulé mon imagination : « En proie à la détresse, il priait de façon plus instante et sa sueur devint comme de grosses gouttes de sang qui tombaient à terre. » Ces grosses gouttes de sang sont tombées sur mon cœur de petite fille et elles sont toujours là, sur le cœur de la femme plus que mûre. Et aujourd'hui encore, je prie souvent, comme je le faisais il y a près de quatre-vingts ans : « Mon Jésus, je t'aime. Je veux tout simplement rester près de toi. »

L'abbé — je n'ai jamais su son nom, en ces temps-là on ne connaissait pas le nom des prêtres — nous avait aussi parlé de la confession. Jésus, avait-il expliqué, voulant que nos âmes soient toutes blanches, avait donné à ses apôtres un pouvoir extraordinaire en leur disant : « Les péchés seront remis à ceux à qui vous les remettrez. » Autrement dit, pour redevenir « blancs comme neige », il suffisait d'avouer ses fautes à ceux qui avaient succédé aux apôtres dans l'exercice de ce pouvoir merveilleux : les prêtres. À condition, bien sûr, de demander pardon à Dieu et de lutter pour ne pas recommencer. Et notre bon abbé avait coutume d'ajouter en souriant : « Surtout, les enfants, ne vous grattez pas trop la tête. Vous allez tout simplement, tout doucement, vous rappeler vos fautes. Et si vous oubliez quelque chose, dites-vous que ce n'est pas bien grave. L'essentiel est que vous aimiez Jésus et que vous sachiez que lui, il vous aime, vous. »

J'étais de plus en plus captivée. Je me disais que c'était formidable d'aimer et d'être aimé comme ça. Notre gouvernante, Mlle Lucie, qui nous avait suivis jusqu'en Angleterre, avait un fiancé gendarme. Elle avait accroché sa photo au-dessus de son lit, et pour elle il était le plus beau, le plus merveilleux des hommes. Moi, je le trouvais laid avec ses moustaches. De toute façon, est-ce qu'il serait prêt à donner sa vie pour Mlle Lucie ? Comme Jésus, jusqu'au sang ? Il n'en avait pas la tête. Moi, je ne voulais aimer que Jésus. Lui seul me paraissait capable d'aller jusqu'au bout de l'amour.

Mais la relation avec Jésus ne concernait pas que lui et moi. Notre abbé n'arrêtait pas de nous le répéter : « Jésus n'a donné qu'un seul commandement : "Aimez-vous les uns les autres comme je vous ai aimés." Ce qui veut dire, mes enfants, soyez gentils les uns avec les autres, faites des efforts pour vous faire plaisir les uns aux autres, partagez vos affaires et vos bonbons. »

Aujourd'hui, je me rends compte à quel point j'ai eu de la chance d'avoir été initiée, dès ma petite enfance et grâce à ma mère et à cet abbé, à une religion pas culpabilisante du tout. Au contraire, ouverte aux autres, ouverte à la joie, axée sur le Dieu-Amour. On me dit qu'à l'époque c'était plutôt rare.

Tout de suite cependant, j'ai compris qu'« être gentille » ou devenir la bonne petite sœurette de Julot ne suffisait pas. Il fallait aller bien plus loin. Par exemple, aller à la rencontre d'une certaine Françoise, une copine de classe qui, avec ses airs de sainte-nitouche, m'agaçait profondément. Car l'abbé avait coutume d'ajouter, avec saint Jean : « Si quelqu'un dit "J'aime Dieu" et qu'il déteste son frère, c'est un menteur[5]. » Cela voulait dire aussi, quand on nous demandait de donner des jouets pour le Noël des enfants pauvres, que je devais donner non pas la vieille poupée dont je voulais me débarrasser depuis longtemps mais un jouet tout neuf auquel je tenais. Sinon, est-ce que je n'étais pas une menteuse, moi aussi ? Tout de suite, j'ai compris que ce n'était pas si simple que cela d'aimer.

Mais il y a autre chose. Pendant très longtemps j'ai vécu dans la perspective de ce que j'avais ressenti lors de ma première communion, c'est-à-dire : Jésus va m'aimer, je vais pouvoir le recevoir, si je fais des efforts pour être gentille et si je vais me confesser. Depuis relativement peu de temps seulement j'ai compris pleinement la signification du verset de saint Jean qui, dans sa première épître, précède celui où il parle des menteurs : « Quant à nous, aimons, puisque lui nous a aimés le premier. » Pendant une grande partie de ma vie, en effet, j'ai fait des efforts extraordinaires pour atteindre la blancheur de l'âme dont nous avait parlé l'abbé. Mon idéal était sainte Thérèse de l'Enfant-Jésus. Pour plaire à mon Bien-Aimé, je m'efforçais d'être aussi pure, aussi douce que la sainte de Lisieux. De lutter contre mon orgueil, ma vanité, mon égoïsme, parfois en allant jusqu'à des extrémités : m'abstenir de parler, par exemple, pour être sûre de ne pas dire de bêtises. C'était l'échec, bien sûr. Je voyais bien que je n'arrivais pas à être sainte. J'en ai conçu beaucoup d'amertume envers moi-même et envers mon entourage, car, étant dotée d'une grande volonté, j'ai l'habitude d'obtenir ce que je veux.

Et voilà, ce n'est que ces dernières années que j'ai compris que « Jésus aime le premier » signifie que Jésus nous aime tels que nous sommes, gentils ou pas, « aimables » ou pas aimables. Depuis, je suis devenue beaucoup plus douce avec moi-même. Maintenant, quand il m'arrive d'avoir des pensées vaines ou orgueilleuses, je reviens vers Jésus en souriant. Je sais que de toute façon il m'aime comme je suis.

C'est incroyable. Le Christ aime les gens tels qu'ils sont. Je crois même qu'il a un penchant pour les plus misérables, les plus rejetés. Dans l'Évangile, à qui s'adresse-t-il de préférence ? Aux femmes de mauvaise vie et aux bandits ! Moi-même, du fait que je me sens aimée par lui, qui est allé jusqu'à donner son sang et sa vie pour moi, je constate que je réagis de la même manière. Plus un être me paraît misérable, exclu, laid, sordide, pauvre, sans ressources, plus il m'attire. Au sens littéral du terme. Et cela même s'il essaie de me nuire. Il m'est arrivé, au temps où je vivais chez les chiffonniers, d'avoir affaire à des hommes tellement écrasés par la misère qu'ils étaient incapables de croire que je puisse songer à les aider. Ils disaient du mal de moi. Je comprenais surtout qu'ils avaient trop souffert. J'estime que dans tout homme il y a un noyau : son âme, son essence, tout ce qui fait de lui un homme. Et autour, il y a ses qualités, ses défauts, tous les produits de son éducation, de sa culture, de son vécu, de son environnement. Ce sont des « accidents » comme on dit en métaphysique, des accidents qui lui sont tombés dessus, et qui, bien souvent, forment comme une espèce de gangue autour de son cœur. Comme il a raison, le poète persan quand il dit : « Fends le cœur de l'homme et tu y trouveras un soleil » ! Tout au long de ma vie j'ai rencontré des hommes durs, des hommes méchants, je peux dire qu'il n'y en a pas un seul chez qui je n'aie vu apparaître à un moment donné une faille laissant filtrer un rayon de soleil. Je me souviens, par exemple, de ce chef du cadastre hautain et méprisant, dans le bidonville du Caire, qui voulait me refuser l'autorisation de faire construire une école au milieu des ordures. Je l'ai simplement regardé en lui demandant : « Vous avez des enfants, monsieur ? Et ils vont à l'école ? » Je l'ai eue, mon autorisation !

Prenons garde, cependant. Quand on parle d'amour, il existe toujours un grave danger de tomber dans la naïveté et la sensiblerie. J'estime avoir été très sérieusement prémunie contre ce danger au noviciat de Notre-Dame-de-Sion, à Paris. Mère Marie-Alphonse, la maîtresse des novices, connaissant nos tentations de jeunes filles à la piété sensible, nous disait toujours : « Sentir n'est pas consentir. Ne vous demandez pas tout le temps si vous aimez ou si vous n'aimez pas. Agissez. Soyez des femmes fortes ! » Elle nous poussait toujours à aller plus loin, au-delà de notre fatigue, au-delà de nos « états d'âme ». Le but était, en quelque sorte, de dépasser l'homme, de vaincre — pour parler comme Pascal que j'aime beaucoup — nos « misères » pour nous approcher de nos « grandeurs ».

Que sont nos misères à côté de cet amour immense de Celui qui est mort pour nous ? D'ailleurs, j'ai pu le vérifier à maintes reprises, lorsqu'il nous arrive, à l'exemple du Christ, d'aimer les premiers, nous accomplissons parfois des merveilles. Ainsi, je me souviens qu'en visitant il y a quelques années un foyer pour enfants au Liban j'avais remarqué un garçon d'une douzaine d'années qui frappait et agressait avec une violence inouïe tous ceux qui s'approchaient de lui. La monitrice m'a expliqué : « Cet enfant a vu sa mère violée et tuée sous ses yeux. Je n'ai trouvé qu'un seul moyen pour l'aider, c'est de l'aimer plus que les autres. » Ce disant, elle a fait asseoir l'enfant à côté d'elle et lui a dit, tout doucement : « Pourquoi tu fais cela ? Tu sais, ici, tout le monde t'aime. Moi aussi, je t'aime. » J'ai vu les traits de l'enfant s'apaiser peu à peu pendant qu'elle continuait à lui parler. Quand elle m'a rejointe, la monitrice a ajouté : « Bien sûr, il faut recommencer chaque jour. Mais déjà ses crises de désespoir sont moins fréquentes qu'avant. » J'ai appliqué la même méthode dans le bidonville. Des brise-fer du jardin d'enfants que je cajolais un peu plus que les autres, jusqu'à leurs pères à qui je parlais avec respect, en passant par les petits caïds acceptant avec fierté de toutes petites responsabilités, j'en ai vu des enfants et des adultes se transformer. Un de mes voisins m'a fait remarquer qu'à peine quelques mois après mon installation dans le bidonville les rixes et les bagarres étaient devenues plus rares et que les hommes allaient moins souvent au café. Pourtant, je ne leur ai jamais prêché la morale. Je les ai simplement aimés et respectés tels qu'ils étaient, comme je l'avais appris à ma première communion. Attention, je n'ai rien d'angélique ! Il est arrivé que mon caractère entier et plutôt autoritaire fasse fuir certains collaborateurs. Mais c'est étrange : quand nous nous revoyons après toutes ces années, nous nous volons dans les bras. Le fait d'avoir aimé les mêmes gens nous unit.

J'ai connu une autre expérience qui m'a marquée. Elle me revient souvent en mémoire car elle signifie, pour moi, que l'amour peut être dégagé de son côté charnel et même de son aspect affectif. C'était dans une institution pour jeunes polyhandicapés dans je ne sais plus quel pays. Soudain, devant ces êtres difformes qui semblaient n'avoir plus rien d'humain, j'ai été saisie de panique : il me fallait à tout prix quitter ce lieu. Quelque chose m'a arrêtée. C'était la directrice qui, se penchant sur un lit occupé par un jeune homme grabataire, agité, aux membres difformes, avait pris celui-ci dans ses bras avec une grande tendresse. Comme pour le petit Libanais, j'ai vu son visage aux yeux immenses se détendre peu à peu ; il devait sentir quelque chose. « Regardez, ma sœur, a dit la directrice. Regardez, il devient beau. »

Voilà, pour moi, c'est cela l'amour. Le vrai amour rend beau ce qui est laid et bon celui qui est méchant. L'amour est la plus grande force du monde car elle vient directement de Dieu, qui, lui, voit dans chaque être humain la part qu'il a créée à son image. Pour le père de Jésus-Christ, l'homme, même le plus abject, au dernier stade de l'humanité, a quelque chose d'aimable. Et ce n'est pas de la théorie. Moi qui ai beaucoup de volonté et qui me crois plutôt intelligente, si je ne baignais pas dans l'amour tel que nous l'enseigne le Christ, je me croirais assez volontiers supérieure aux autres. Mais les choses étant ce qu'elles sont, c'est impossible. Celui qui laisse Dieu vivre dans son cœur ne peut plus mépriser personne.

Chapitre III

« Qui mange ma chair »

« Je baigne dans l'amour », ai-je écrit. Est-ce que cela ne relève pas d'une impardonnable présomption que d'affirmer qu'on baigne dans l'amour ? Pour quelqu'un comme moi, qui, depuis plus de soixante-quinze ans, se nourrit chaque jour d'une relation d'amour où l'important est l'Autre, je crois qu'on peut répondre par la négative. Mon secret ? L'Eucharistie — ce qui, en grec, veut dire « merci ».

1920. La guerre est finie. Notre petite famille est revenue dans l'appartement de Bruxelles. J'ai commencé à étudier les humanités gréco-latines chez les Dames de Marie. Mais la voix de Jésus, entendue deux ans auparavant, lors de ma première communion — « Mon âme est triste à en mourir » —, résonne encore dans mon cœur. Un soir, Julot, devenu Jules, rentre tout excité de son école, l'école Saint-Louis, en lançant : « L'abbé nous a dit qu'on peut communier tous les jours, maintenant ! » Déjà dotée d'un sacré petit caractère, je lui rétorque : « C'est faux. On ne peut communier que le dimanche. » Jules ne se laisse pas démonter : « Dis donc, Madelon, tu sais mieux que le pape, peut-être ? — Quel pape ? — Pie X, pardi. Il a déclaré que les chrétiens bien disposés pourraient communier tous les jours. »

Tous les jours ? Mais c'est le rêve ! Il me semble entendre la voix de Jésus qui me dit : « Veux-tu venir à moi tous les jours ? » Oui, Jésus, c'est d'accord. À partir de demain je me lèverai avant tout le monde, dès que la cloche de l'église Saint-Nicolas sonnera — à sept heures moins le quart — et je m'habillerai vite, vite pour courir à ta rencontre à la messe de sept heures, avant d'aller à l'école.

Volage et versatile comme je l'étais, personne n'a voulu me croire à l'époque. Le plus étonnant est que depuis toutes ces longues années j'ai tenu bon. Même pendant mon adolescence ; alors que le soir j'avais des distractions plutôt mondaines, je me débrouillais pour ne jamais « rater » la messe. Et pour cause : chaque matin j'avais l'impression de courir vers un rendez-vous d'amour ! Je disais, avec l'épouse du Cantique des cantiques : « Entraîne-moi sur tes pas. Courons[6] ! » De l'âge de vingt et un ans jusqu'à soixante-deux ans, bien sûr, il n'y a pas eu de problème. Au couvent, la messe était célébrée quotidiennement. Mais à mon installation au Caire, la pratique est devenue presque acrobatique. Surtout dans le deuxième bidonville où j'ai vécu, celui de Mokattam situé près des carrières dont on dit qu'elles ont servi à la construction des Pyramides. Dès cinq heures, alors que dans la nuit glacée les « chiffonniers » attelaient leurs ânes à leurs chariots pour aller ramasser les ordures au centre de la ville, je dégringolais la colline pour attraper le vieil autobus poussif qui m'amenait dans le quartier de l'église des jésuites. Saluée par des aboiements, des braiments et des grognements d'animaux se réveillant, je me tordais parfois les pieds dans des trous parmi les ordures. Mais mon cœur de vieille femme battait au même rythme que du temps de mon adolescence. Rien n'a changé. Encore aujourd'hui tous mes amis savent que je n'accepte aucune invitation hors de ma maison de retraite si elle n'est pas assortie, à un moment ou un autre de la journée, d'un rendez-vous eucharistique dans une église située pas trop loin.

Je me suis souvent interrogée : d'où me vient cette fascination pour l'Eucharistie ? J'ai cherché et trouvé la réponse dans l'Évangile de Jean. Après avoir accompli le miracle de la multiplication des pains, Jésus dit à la foule qui le suit : « Je suis le pain vivant descendu du ciel [...]. Ma chair est vraiment une nourriture et mon sang vraiment une boisson. Qui mange ma chair et boit mon sang demeure en moi et moi en lui[7]. » L'évangéliste raconte que dans la foule présente beaucoup se scandalisent : qu'est-ce donc que ce langage insensé ? Cet homme s'apprête à se découper en morceaux et à s'ouvrir les veines ? Je crois que si j'avais été là, près du lac de Tibériade, moi aussi je me serais détournée en haussant les épaules. Seulement voilà, il y a eu Pierre et les autres disciples, qui, eux, ne se sont pas détournés. Quand le Christ — qui ne force jamais personne — leur a demandé : « Voulez-vous partir, vous aussi ? », Pierre, à qui Jésus confia son Église, a répondu : « Seigneur, à qui irions-nous ? Tu as les paroles de la vie éternelle[8]. »

La vie éternelle ou — pour l'exprimer en des termes plus modernes — un accroissement de vie et d'épanouissement, c'est exactement cela que me donne, depuis si longtemps, la communion de tous les jours. Mais je crois pouvoir dire que l'attraction ne vient pas de moi. Elle vient de lui, Jésus-Christ. Quel attrait pouvais-je bien trouver, moi, une enfant de douze ans pleine d'entrain et d'espièglerie, à aller m'agenouiller au petit matin froid en compagnie d'un vieux curé et de trois ou quatre personnes anonymes ? C'était lui qui, connaissant si bien l'homme, savait qu'il fallait préparer cette petite fille encore fragile et un peu frivole à se lancer dans l'aventure extraordinaire à laquelle Il me destinait. Une aventure où j'aurais à déployer toute mon énergie et tout mon appétit de vivre pour aider les autres, surtout les enfants, à être et à exister.

« Il demeure en moi et moi en lui. » Je ne trouve pas d'autres mots que ceux de la Bible pour essayer de faire comprendre l'intimité de la relation qui s'est forgée entre lui et moi à travers cette chair consommée chaque matin. Il est devenu mon Tout, mon « Bien-Aimé », comme on disait autrefois. Quand je me réveille, ma première pensée est « Vite, debout ! pour une nouvelle journée avec toi, Jésus ! » Le soir, en m'endormant, je prie : « Merci, Jésus. Je crois qu'on a bien travaillé ensemble. » Et quand je prends connaissance de toutes ces détresses humaines qui m'entourent, je l'apostrophe carrément : « Viens à mon secours. Parle, toi, à travers mes lèvres. Donne-moi ta tendresse pour consoler ! » Parfois on me demande quel est le secret de ma vitalité. Eh bien, c'est lui, Jésus-Christ. Il est la respiration de mon être, la force de ma faiblesse, la joie de mon cœur. C'est lui qui me garde jeune et bouillonnante de vie, prête à courir au bout du monde pour venir en aide à un malheureux.

« Je suis à mon Bien-Aimé, dit l'épouse du Cantique des cantiques, et mon Bien-Aimé est à moi. » Et s'adressant directement à lui, elle le supplie : « Pose-moi comme un sceau sur ton cœur, comme un sceau sur ton bras. Les grandes eaux ne peuvent éteindre l'amour[9]. »

On me demande parfois : « Que se passe-t-il pendant la communion ? » Ce n'est pas facile de répondre. Je n'ai rien d'une exaltée, je me méfie de toute forme de sensiblerie. Je ne vois pas Jésus, je ne le touche pas, je ne le sens pas à mes côtés. Je sais qu'il est là, c'est tout. Ce que je vis avec lui est une véritable relation d'amour qui se renouvelle et se consolide chaque matin. Jamais, au grand jamais, je n'ai éprouvé la moindre sensation de routine dans la communion.

Mais alors, qu'est-ce qui se passe ? Cela se situe au-delà du domaine du visible. Nous sommes là dans un autre monde. Un monde qui, j'en suis persuadée, fait partie du monde terrestre. C'est un peu comme le soleil : il est partout et nulle part en particulier. Quand je vois le soleil quelque part, dans ma maison de retraite ou sur le petit chemin qui me mène vers la chapelle, tout naturellement je vais vers lui. Parce que je cherche la lumière et la chaleur. Eh bien, ce qui se passe quand je communie peut se comparer à cette quête. Quand je communie, je me tais. (Ce qui pour ceux qui me connaissent, est déjà rare en soi !) La relation qui me fait vivre est une relation silencieuse. Ce n'est pas étonnant. J'ai remarqué que, dans les réunions, les moments les plus importants sont les silences. Car c'est à ces moments-là qu'on laisse descendre les paroles entendues dans le cœur. Moi, pendant la communion, je laisse pénétrer l'amour du Christ dans ce que saint François de Sales a appelé « la fine pointe de l'âme ». La fine pointe de l'âme ne se voit pas, ne se touche pas, mais fait partie de l'être le plus intime, ce qui est le plus « toi », ce qui est le plus « moi ». Eh bien, chaque jour lui et ce qui est le plus moi se soudent davantage. On se comprend de mieux en mieux. « Parce que, comme l'a dit Montaigne, c'était lui et parce que c'était moi. » Parfois je savoure, je laisse pénétrer en moi une parole de la Bible. Par exemple, très souvent, ce sixième chapitre de saint Jean que j'ai cité plus haut : « Celui qui mange ma chair demeure en moi. » Ce mot « demeurer », je l'aime bien. Je crois profondément que l'esprit de Dieu habite l'homme et le met en mouvement. Sans forcément changer son tempérament ou son caractère. Mais je le sais, c'est la relation que je vis avec Dieu pendant la communion qui touche mon être le plus profond. Une relation qui rend à la fois plus humain et plus divin. C'est étrange, au fil des ans je me découvre à la fois plus féminine et plus proche de Dieu.

On peut avancer une autre comparaison, que Jésus apporte d'ailleurs lui-même, c'est celle de la nourriture. Un repas comme une messe ne dure qu'à peine une demi-heure, mais on en sort complètement transformé. Moi, par exemple, quand je suis fatiguée, j'ai l'habitude de prendre un petit carré de chocolat noir, et après quelques minutes, hop, je suis prête à reprendre le travail ! Eh bien, la communion produit, toutes proportions gardées, le même effet. La relation amoureuse avec Jésus renouvelle mes forces spirituelles. Comme le pain se transforme, on ne sait trop comment, en chair et en sang, le corps du Christ se transforme, chez moi, en énergie pour me battre à la gloire de Dieu, qui est, selon la belle formule de saint Irénée, « l'homme vivant ». De même que j'ai besoin de nourriture, de même j'ai besoin de ce renouvellement de mes forces tous les jours. Les quelques rares fois — pas plus de dix fois par an en cas de force majeure comme la maladie — où, depuis mes douze ans, j'ai dû m'en passer, je n'ai pas dépéri, bien sûr, mais quelque chose d'essentiel, chaque fois, m'a manqué.

Ceci est mon expérience personnelle. Loin de moi l'idée d'en faire un absolu. D'autres chrétiens se ressourcent d'une manière différente, notamment la plupart des protestants. Parfois je passe deux ou trois jours à prier avec les sœurs protestantes de Versailles. Sous la tente qui leur sert de chapelle, il y a une atmosphère de recueillement et d'adoration telle qu'il est évident que ce que je puise, moi, dans le sacrement de l'Eucharistie, elles le trouvent, elles, dans la méditation et leur don total.

J'irai même plus loin : à mon avis, on n'a pas besoin d'être chrétien pour vivre le sacrement. Car le sacrement, c'est quoi ? C'est un geste matériel érigé en symbole qui relie à l'amour de Dieu pour les hommes. Pour moi, un des sommets de l'Évangile, c'est ce passage de Matthieu[10] qui raconte le jugement dernier : « Venez, les bénis de mon Père, recevez en héritage le Royaume qui vous a été préparé depuis la fondation du monde. Car j'ai eu faim et vous m'avez donné à manger. J'ai eu soif et vous m'avez donné à boire. J'étais un étranger et vous m'avez accueilli, nu et vous m'avez vêtu, malade et vous m'avez visité, prisonnier et vous êtes venus me voir. » Et quand les justes, étonnés, demandent au Christ : « Mais, Seigneur, quand avez-vous été nu et affamé ? » celui-ci répond : « Ce que vous avez fait au plus petit de mes frères, c'est à moi que vous l'avez fait. » Tous les grands saints le soulignent. Celui qui partage, qui se penche sur un malade ou un malheureux, touche le corps du Christ. Je connais des non-chrétiens qui, se donnant corps et âme à des causes difficiles, me paraissent d'une certaine manière bien plus « chrétiens » que moi. C'est évident : l'Eucharistie seule ne suffit pas. Si je me contentais de communier le matin sans approfondir, dans la journée, cet autre sacrement qu'est la relation avec les autres, je serais perdue.

Tout ce que je peux dire est que moi, qui me sens de plus en plus une pauvre femme faible, j'ai eu et j'ai toujours besoin de cette nourriture extraordinaire que m'apporte l'Eucharistie. C'est parce que je suis catholique que j'ai pu la connaître. Mais le Dieu tout-puissant dispose de bien d'autres moyens et d'autres voies pour faire découvrir aux hommes l'amour dont Jésus-Christ est l'incarnation.

Chapitre IV

Vers un plus grand bonheur

Cependant rien n'était réglé. Certes, toute petite déjà, captivée par un livre d'enfant sur les missionnaires, j'avais annoncé solennellement à ma famille, plutôt sceptique, que plus tard je serais missionnaire et martyre. Mais de fait j'ai vécu, pendant toutes mes années d'adolescence, dans une espèce de balancement de « pendule » entre le matin et le soir. Le matin, je goûtais une joie paisible et profonde — trop brève, hélas — dans la prière silencieuse de l'Eucharistie. Après la classe, je me laissais emporter par un tourbillon de parties de tennis, de promenades, de soirées dansantes. Et de rencontres avec de jolis garçons. J'étais le boute-en-train de la bande. On s'amusait follement et j'étais très coquette. Mais parfois le soir, quand je rentrais à la maison, l'image de mon père me revenait, lui qui avait si vite disparu. Me sentant de nouveau envahie par un sentiment de vide terrible, je me disais alors : « Que valent donc tous ces trésors de la terre ? Que valent ces plaisirs qui m'éblouissent ? C'est comme de l'écume ; dans la main il ne me restera qu'un peu d'eau salée. » Résonnaient alors en moi les paroles de Jésus au jeune homme riche : « Si tu veux être parfait, va, vends tout ce que tu possèdes. Donne-le aux pauvres et tu auras un trésor dans les cieux. Puis viens, suis-moi[11]. » Et puis, dès le lendemain, je recommençais la folle ronde des plaisirs de mon âge, les jolies robes et les beaux chapeaux.

Parfois l'appel se faisait plus insistant, plus précis. Comme par exemple ce passage de l'Évangile de Matthieu : « On présentait à Jésus les tout-petits pour qu'il leur imposât les mains en priant, mais les disciples les rabrouèrent. Alors Jésus leur dit : "Laissez les petits enfants et ne les empêchez pas de venir à moi ; car c'est à leurs pareils qu'appartient le Royaume des Cieux." Puis il leur imposa les mains et poursuivit sa route[12]. » Cette prédilection de Jésus pour les plus faibles me faisait rêver. Comme il serait beau de partir avec lui au service des petits, de « donner à manger à ceux qui ont faim ». Ça, c'était un absolu qui m'intéressait ! Je répondais alors à Jésus : « Oui, Seigneur, je veux me consacrer corps et âme aux enfants. Il y en a tant dans le monde qu'il faut sauver de la misère ! » Bonnes intentions, fleurs du matin desséchées au soleil de midi, dès que je retrouvais les distractions.

Des plaisirs innocents au demeurant. Le monde qui m'entourait était un monde bon, harmonieux, comportant peu de tentations. Ma famille, menée par la maîtresse femme qu'était ma mère, était parfaitement équilibrée. Le choix qui s'imposait à moi n'était donc pas un choix plus ou moins manichéen entre « le monde » et le Royaume des cieux, entre le péché et la quête de la perfection. Le problème venait de moi, de ma propre fragilité, de mon tempérament vorace qui me poussaient à me laisser, pour ainsi dire, « engluer » par les plaisirs. Je sentais très bien qu'en continuant ainsi j'irais de désenchantement en désenchantement et que je « brûlerais » ma vie. Et puis, il y avait cet appel que j'entendais tous les matins pendant l'Eucharistie...

Je me souviens. Un jour, n'y tenant plus de me sentir ainsi tiraillée en permanence, je finis par carrément hurler au Seigneur : « Enfin, oui ou non, m'aimes-tu ? Oui ou non, veux-tu que je te suive en me consacrant aux enfants ? Alors, sors-moi de ce dilemme. Fais-moi m'enfuir ! » Quelques semaines plus tard, ma mère, persuadée que, de toute façon, je ne tiendrais pas une semaine, me donna enfin l'autorisation de me présenter comme novice à la congrégation de Notre-Dame-de-Sion dont j'avais visité, à Londres, des foyers pour enfants pauvres qui m'avaient beaucoup impressionnée. Et c'est ainsi qu'un beau jour du printemps 1929 — j'avais donc vingt et un ans — je sonnai à la porte du couvent de cette congrégation, rue Notre-Dame-des-Champs à Paris. Avec un sentiment de soulagement extraordinaire. Je me souviens encore de ma joie quand j'ai endossé, le premier jour, l'austère habit et la coiffe plutôt cocasse que portaient les novices à l'époque. J'allais enfin pouvoir échapper à mes propres démons et me jeter âme et corps perdus dans la quête de l'absolu !

Regardant en arrière aujourd'hui, je pense qu'avec ma nature passionnée, cherchant toujours l'extrême en tout, j'aurais pu prendre un autre chemin. N'oublions pas aussi que, dans les années trente, il n'y avait guère, pour les jeunes filles de bonne famille, d'autre alternative que le mariage ou la vie religieuse. Ma sœur, Marie-Louise, s'était mariée en grande pompe, mais je ne l'enviais nullement. Tous les garçons, tous les hommes que je rencontrais me paraissaient trop « petits », trop semblables au gendarme de Mlle Lucie. Ternes à côté de mon « Bien-Aimé ». Une activité professionnelle ? C'était exclu pour les femmes de mon milieu, et l'université aussi était encore une affaire strictement masculine. Attirée par le travail social, j'avais fait une tentative pour m'approcher de la Jeunesse ouvrière chrétienne. À l'époque, on disait grand bien de son fondateur, l'abbé Cardijn. Quand je m'y suis présentée, le cœur en flammes, on m'a confié des adresses à recopier ! Pendant quelque temps j'ai visité des pauvres. Cela non plus ne correspondait pas à mon besoin d'action et de contacts vrais. Une jeune fille d'aujourd'hui ayant les mêmes aspirations que moi pourrait très bien s'engager dans une action humanitaire quelconque, partir dans le tiers-monde à titre professionnel ou bénévole, se faire assistante sociale. Pas moi. Moi, Madeleine Cinquin, avec le caractère que j'avais — et que j'ai encore —, j'ai eu besoin d'entrer au couvent et, ainsi, de devenir sœur Emmanuelle. Car si j'avais pu me lancer dans une activité humanitaire tout en restant dans le monde, je crois que j'aurais eu trop de mal à résister aux tentations de diverses sortes, le luxe, la gourmandise, les plaisirs faciles, voire les relations avec les hommes. Et je le sais, j'aurais été parfaitement malheureuse !

J'insiste. Il est essentiel que je fasse comprendre qu'en faisant ce choix j'ai opté pour un plus grand bonheur. Tout remonte toujours à Jésus-Christ et à la fascination qu'il exerce sur moi. Il m'a « eue », comme on dit. En le regardant, lui, je suis poussée à me dépasser et je suis heureuse. Comme dit le psaume : « rien ne saurait me manquer ». Lorsque, il y a trois ans, j'ai quitté, à la demande de mes supérieures, Le Caire pour m'installer ici, j'ai reçu un grand nombre de lettres me disant : « Pauvre sœur Emmanuelle, que vous devez être malheureuse ! Quel sacrifice pour vous ! » Je ne comprends pas le mot sacrifice. À partir du moment où je peux être en relation constante et directe avec Jésus-Christ — ce qui est le cas ici —, je n'ai pas besoin d'autre chose, je suis heureuse. Je suis heureuse parce que je vis cette relation.

On peut faire le parallèle avec l'amour humain. Quand on aime quelqu'un, on se donne tout entier. Or, ce qui m'inquiète, c'est de constater, surtout depuis que je suis revenue en France, que les gens d'aujourd'hui savent de moins en moins aimer, aimer vraiment, je veux dire. Que d'échos de divorces je reçois de la part de mes amis et correspondants ! Même après de longues années de mariage, l'un des deux partenaires — l'homme, la plupart du temps — rencontre quelqu'un de plus jeune ou de plus attirant, et hop ! il change de partenaire. Quitte à revenir à ses premières amours, quand, par la suite, l'attrait s'émousse et que se profilent les vieux jours. Cela m'inquiète aussi de voir la facilité avec laquelle les jeunes d'aujourd'hui, disposant souvent de tout ce qu'il faut pour assurer leur « liberté » — logement, argent, voiture, contraception —, peuvent se lancer dans les expériences amoureuses les unes après les autres. Alors que, bien souvent, ils sentent plus ou moins confusément qu'il y a autre chose. Mais qui leur donnera l'exemple, qui leur apprendra à approfondir une relation ?

Voilà pour moi le maître mot, la relation. Ce qui rend l'homme heureux, ce ne sont pas, comme voudrait nous le faire croire la publicité, les derniers gadgets à la mode, ni la richesse ni le pouvoir, mais la qualité des relations qu'il entretient avec les autres. Pourquoi les Occidentaux perspicaces voyageant dans les pays du tiers-monde sont-ils si fréquemment frappés par l'air joyeux des « indigènes », même les plus pauvres ? Pourquoi moi-même ai-je pu vivre les années les plus heureuses de ma vie dans les bidonvilles du Caire ? En raison de la qualité des relations entre les membres de ces communautés. L'homme — la femme aussi — a un besoin de se faire aimer immense, de se faire aimer pour ce qu'il est et non pas pour la forme de ses oreilles ou la beauté de ses yeux. Et à son tour il a besoin d'aimer un être qui lui paraît digne d'être aimé. Nous ne sommes pas comme les animaux, qui, eux, se contentent de manger, de boire, de dormir et de se reproduire. L'homme, tel qu'il a été fait par Dieu, est incapable de satisfaire son être profond à lui tout seul. Je n'ai de cesse de méditer sur ce contraste : en Afrique et en Asie, des enfants et des adultes meurent de faim. En Europe — comme ils me l'écrivent parfois —, il est des adultes qui meurent de manque de relations vivantes et constructives avec d'autres êtres humains. Pire que la solitude, il y a le vide. Ce qui explique, sans doute, l'explosion, chez nous, des animaux domestiques. Un grand nombre de Français, en particulier, reportent leur besoin d'aimer et d'être aimés sur un chat ou sur un chien. Et je les comprends : un animal ne comble pas, mais il peut calmer le manque.

Saint Augustin l'a bien dit : « Notre cœur est sans repos, Seigneur, jusqu'à ce qu'il repose en toi. » Parce que tout homme, quel qu'il soit, où qu'il soit né, a un vide, un « manque », comme celui que j'ai ressenti de façon si déchirante après la mort de mon père. Il faut qu'il regarde plus haut que ce qui est terrestre. À travers les douleurs et les joies que nous vivons ici, à travers l'amour humain qui peut, en partie, combler le vide, nous aspirons vers ce qui nous dépasse, vers Dieu.

Chapitre V

Jésus-Christ, maître en amour

Notre maîtresse des novices, mère Marie-Alphonse, était une femme à la fois intelligente, profondément chrétienne et réaliste. Elle s'était proposé comme objectif de transformer les frêles petites jeunes filles de dix-sept à vingt et un ans que nous étions en « religieuses de choc ». C'est-à-dire en femmes qui, sachant dépasser leur fragilité et leur sensibilité féminines, seraient capables de se donner, jour et nuit, aux autres. « Mes enfants, avait-elle coutume de nous dire, il vous faudra apprendre la science la plus méconnue du monde, la science de l'amour. » Et dans son esprit, bien sûr, il s'agissait non pas de l'amour si naturel à l'homme, l'amour qui cherche d'abord son propre plaisir, mais, en ses propres termes, de « l'amour-don qui cherche en premier lieu le bonheur des autres ». Cette forte femme m'a beaucoup marquée. Pendant les deux années de noviciat que j'ai suivies à Paris, elle a réussi à confirmer et à consolider l'intuition que j'avais eue dès ma petite enfance et qui fait toujours le cœur de mon être aujourd'hui : que mon affection toute vibrante pour le Christ et l'amour pour toute créature humaine représentent un seul et même élan.

On nous avait remis à chacune un petit volume contenant le Nouveau Testament plus les psaumes — dans les années trente, les fidèles n'avaient pas encore droit à la Bible dans sa totalité. En le feuilletant avec avidité, en l'annotant, en le méditant, j'ai pris connaissance du mystère bouleversant d'un être exceptionnel. D'un homme qui naissait, grandissait, travaillait, mangeait et dormait comme tous les autres mortels. Et qui, en même temps, était le Fils de Dieu, l'Envoyé du Père affirmant « Je suis la Voie, la Vérité et la Vie [13]. »

Peu à peu, j'ai commencé à découvrir, à travers ses actions et ses enseignements tels qu'ils nous ont été transmis par les Évangiles, ce qu'aimer veut dire, ou, plus exactement, ce que représente l'amour-don.

Ainsi, un jour, les scribes et les pharisiens — c'est-à-dire ceux qui, jusque-là, faisaient la loi — lui amènent une « femme surprise en adultère [14] ». Dans le but manifeste de le piéger : « Maître, lui disent-ils, Moïse nous a prescrit dans la Loi de lapider ces femmes-là. Et toi, qu'en dis-tu ? » La réponse de Jésus vint, cinglante, vibrante comme une flèche : « Que celui d'entre vous qui est sans péché lui jette la première pierre ! » Et, constate l'évangéliste, dans une réflexion que je savoure particulièrement : « Ils se retirèrent un à un, à commencer par les plus vieux. » Jésus, resté seul avec la femme, sans doute tremblante de peur, lui dit : « Moi non plus, je ne te condamne pas. Va, désormais, ne pèche plus. »

Dans le silence du noviciat je méditais souvent cet épisode. Quel homme, ce Jésus ! Quelle manière extraordinaire de passer au-dessus des lois, parce que son père, comme il l'a raconté à Nicodème [15], l'a envoyé sur terre non pas « pour juger le monde, mais pour que le monde soit sauvé par lui » ! Lui qui, pourtant, « sait tout ce qu'il y a dans l'homme[16] », qui connaît toutes nos qualités et toutes nos faiblesses, jette sur cette femme un regard venu d'en haut, un regard qui compatit. Et il nous demande de regarder nos proches de la même manière, c'est aussi ce qu'il dit à Catherine de Sienne : « Ne juge pas, mais compatis. » Ô Seigneur, priais-je, tu le sais, si j'avais été là ce jour-là, je me serais trouvée du côté des pharisiens. Moi qui pense tant de bien de moi-même et qui suis si exigeante avec les autres, moi qui passe mon temps à juger, donne-moi ton regard de tendresse et de compassion !

Est-ce que j'arrive à faire mien ce regard ? Je crois qu'avec l'âge j'ai gagné en tolérance, mais Dieu seul le sait. Ce que je sais, en revanche, c'est que j'ai eu, à plusieurs reprises, l'occasion de braver la loi, de passer outre au jugement des hommes, notamment quand j'ai dû défendre mes amis, les chiffonniers, face aux autorités. Un soir, par exemple, on est venu tambouriner à la porte de ma cabane en criant : « Ableti ("tante", c'est ainsi qu'on m'appelait au Caire), viens vite. Ils ont mis Salah en prison. » Cela arrivait souvent. La police, considérant les chiffonniers comme des hors-la-loi méprisables, avait l'habitude de les « corriger » pour un oui ou un non. Après m'être habillée, j'ai sauté dans le chariot à âne qui m'attendait et nous nous sommes précipités au poste de police. Laissant la famille et les amis de Salah dans la rue, j'ai demandé à voir le commissaire. Il était au premier étage, plongé dans un demi-sommeil. Quand il m'a vue débouler de l'escalier, il a eu l'air un peu étonné, mais pas trop. Il me connaissait car on l'avait chargé de surveiller cette vieille étrangère un peu bizarre qui s'était installée chez ces pouilleux de chiffonniers, probablement, pensait-on en haut lieu, dans le but de les convertir ou en couverture d'activités d'espionnage.

Je lui ai dit pourquoi j'étais là. Il a cherché à justifier la mise sous les verrous de Salah en disant que le chiffonnier avait attaqué un autre homme au couteau. J'ai rétorqué que je savais ce qui s'était passé. Cet autre homme avait voulu ramasser les poubelles dans une rue pour laquelle Salah avait acheté la concession auprès du caïd des chiffonniers. Salah s'était fâché. Pour faire bonne mesure, j'ai ajouté que ce n'était pas bien de tabasser les hommes. Deux jours plus tard, Salah était sorti de prison.

La compassion, la tolérance, la miséricorde, le pardon en particulier, tous ces sentiments, tous ces gestes si difficiles à appliquer pour les pauvres hommes que nous sommes nous relient directement à l'amour de Jésus-Christ. Même si les protagonistes n'en sont pas conscients eux-mêmes. Un des gestes de pardon qui m'a le plus frappée fut celui d'un pauvre musulman que j'ai connu au Caire, Mohammed. Un matin, des voisins l'avaient trouvé couché par terre devant chez lui, inerte, lardé de coups. Quand je l'ai visité le lendemain, je lui ai dit : « Viens avec moi à la police. Tu dois porter plainte. » Mohammed a répondu d'une voix à peine audible : « Non, je ne veux pas porter plainte. Celui qui m'a fait ça ne savait pas ce qu'il faisait. » C'est extraordinaire ! Cet homme qui, sans doute, n'avait jamais entendu parler de l'Évangile avait prononcé les mêmes paroles que le Christ en croix !

La semaine sainte était, au noviciat, une semaine particulièrement grave. L'immense mystère de l'amour vécu jusqu'au bout nous plongeait, presque malgré nous, dans le silence. Je me souviens avec quelle émotion j'ai entendu, pour la première fois, mère Marie-Alphonse nous lire le début du chapitre XIII de saint Jean : « Avant la fête de la Pâque, Jésus, sachant que son heure était venue de passer de ce monde au Père, ayant aimé les siens qui étaient dans le monde les aima jusqu'à la fin. » Et comment les a-t-il aimés « jusqu'à la fin » ? En se mettant à leur service ! Le chapitre se poursuit : « Au cours d'un repas, alors que déjà le diable avait inspiré à Judas Iscariote, fils de Simon, le dessein de le livrer, Jésus, sachant que le Père avait tout remis entre ses mains et qu'il était venu de Dieu et retournait à Dieu, se lève de table, quitte son manteau et, prenant un linge, il s'en ceint. Puis il verse de l'eau dans un bassin et il se met à laver les pieds des disciples et à les essuyer avec le linge dont il était ceint. »

Moi qui, à cette époque-là, étais encore novice dans la « science de l'amour » enseignée par le Christ, j'avais envie de m'écrier, comme le fit d'ailleurs Simon-Pierre : « Toi, Seigneur, me laver les pieds ? Jamais ! » Lui, Dieu né de Dieu, Lumière née de la Lumière, se met à genoux devant cette bande de pauvres types parmi laquelle il sait qu'il y en a un qui l'a déjà « vendu » pour trente deniers ! Pourquoi, Seigneur ? La suite de l'Évangile donne la réponse : « Quand il leur eut lavé les pieds, qu'il eut repris ses vêtements et qu'il se fut remis à table, il leur dit : "Comprenez-vous ce que j'ai fait ? Vous m'appelez Maître et Seigneur et vous dites bien, car je le suis. Si donc je vous ai lavé les pieds, moi le Seigneur et le Maître, vous aussi vous devez vous laver les pieds les uns aux autres. Je vous ai donné l'exemple pour que vous agissiez comme j'ai agi envers vous." » Là, Jésus, je te reconnais bien. Toujours tu reviens sur cette invitation lancée à ceux qui veulent te suivre : il faut apprendre à servir d'abord les plus petits. Combien de fois ai-je laissé résonner en moi ce passage magnifique ! Moi-même, dans le bidonville, quand les enfants — et parfois leurs parents — accouraient dans ma cabane parce que, sans chaussures pour les protéger, ils s'étaient blessés dans les ordures pleines de verre et d'objets tranchants, je devais toujours leur laver les pieds à grande eau avant de soigner les plaies. Mais parmi eux, au moins, il n'y avait pas de Judas !

Il y a un autre épisode de l'Évangile qui me paraît capital, c'est le passage qui raconte l'attitude de Jésus à l'égard des marchands du temple[17]. Elle est pour moi la preuve que l'amour peut comporter une bonne dose de colère. Avec sa *Vie de Jésus*, l'écrivain du XIXe siècle Ernest Renan a beaucoup fait pour répandre le cliché du « doux Jésus ». C'est faux. Jésus-Christ, étant un homme complet, connaissait aussi la colère. Rien n'est plus virulent que les apostrophes et les accusations qu'il lance à la tête des pharisiens[18] : « hypocrites », « sépulcres blanchis », « vous prenez l'argent des veuves ». Lorsque, entrant dans le temple, il voit une fois de plus les marchands et les changeurs qui sont là pour s'enrichir sur le dos des gens venus apporter leurs sacrifices, le sang lui monte à la tête. Il prend un fouet et s'écrie : « Ne faites pas de la maison de mon père une caverne de brigands et de voleurs ! » Et il renverse les tables des changeurs.

Qu'est-ce qui est essentiel dans cette scène ? Qu'aux yeux de Jésus le temple soit fait pour la prière et que l'homme qui s'y rend doive être exclusivement tourné vers Dieu. Et pourquoi, peut-on se demander, Jésus n'a-t-il pas fait preuve à l'égard des marchands du temple de la même mansuétude que celle qu'il a montrée devant la femme adultère ? Je crois qu'il y a plusieurs réponses. D'abord je suis persuadée que, contrairement à l'opinion courante, lesdits « péchés de la chair » sont les moindres aux yeux du Christ. Il l'a dit plusieurs fois aux pharisiens : « Les prostituées vous précéderont dans le Royaume. » Marie-Madeleine, qui lui était si proche, était une prostituée ; tout le monde le savait. Deuxièmement, lui qui est venu pour sauver les hommes comprend et pardonne tout, car il n'est pas venu pour les justes mais pour les pécheurs. Cependant il y a une chose qu'il ne supporte pas : ces marchands du temple se présentent comme des bons juifs. Or le « sépulcre blanchi », le pharisien, le soi-disant bon chrétien qui a une vie cachée, très différente de celle qu'il proclame, est un menteur. Jésus-Christ accepte que nous soyons de pauvres types. Comme la femme adultère à qui il pardonne, le voleur Zachée chez qui il descend, le bandit sur la croix à qui il promet le paradis. Jésus accepte toutes les faiblesses humaines. À une exception près, l'hypocrisie.

Car l'hypocrite est celui qui veut paraître ce qu'il n'est pas. C'est le mensonge dans toute sa laideur.

J'ai fini par comprendre que cet homme, qui disait des choses aussi inadmissibles au regard des lois de ce monde, s'était condamné lui-même. Aux yeux des autorités, aux yeux des juifs, aux yeux de nous tous en somme, il était allé trop loin. Ce juste devait mourir.

Chapitre VI

Passion de Dieu, passion de l'homme

Pourquoi Jésus s'est-il laissé tuer ? Déjà petite fille je n'arrêtais pas de me poser la question. Lui qui est tout-puissant, il aurait pu retourner les armes contre ses assaillants ou changer leur cœur et ainsi vivre éternellement sur terre ; il en aurait fini avec la mort une fois pour toutes ! Pourquoi a-t-il dit à Simon Pierre : « Remets ton épée dans le fourreau » ?

Pendant la semaine sainte, dans le silence du noviciat, nous écoutions mère Marie-Alphonse nous lire la suite du chapitre XIII de saint Jean. Après avoir expliqué à ses disciples pourquoi il leur lavait les pieds, Jésus dit : « En vérité, en vérité je vous le dis, un de vous me trahira. » C'est terrible, près de lui, Judas mange tranquillement. Il a dans sa poche l'argent de la trahison pour le faire arrêter avant minuit ! S'adressant à lui, Jésus lui dit : « Ce que tu as à faire, fais-le vite ! » Aussitôt qu'il est sorti, Jésus dit aux autres disciples : « Maintenant le Fils de l'homme a été glorifié et Dieu a été glorifié en lui. »

Combien de fois ai-je essayé de sonder ce mystère ? Jésus savait qu'il allait mourir, il en avait trois fois averti ses disciples... et il parle de glorification ! Il marchait vers le supplice le plus humiliant et le plus atroce qui existât à l'époque et qui était réservé aux esclaves : la crucifixion ! Moi qui ai tenu dans mes bras des bébés mourant du tétanos en d'atroces douleurs, je sais ce qu'est la souffrance ! Pourquoi tant d'innocents ont-ils souffert à travers le temps et l'espace, depuis Abel le juste, tué par son frère Caïn, jusqu'à Mgr Oscar Romero, l'évêque abattu parce que défenseur des opprimés d'Amérique du Sud ? Pourquoi la Shoah, l'holocauste, où des millions d'hommes, de femmes, d'enfants ont été exterminés dans des chambres à gaz ? Pourquoi les atrocités commises ces derniers temps au Rwanda, en Bosnie ? Pourquoi, enfin, le mal est-il partout triomphant, vainqueur du bien ?

Au cri angoissé de l'humanité, quelle est la réponse ? Je n'en connais pas, sinon que Jésus s'est laissé abattre, torturer, crucifier, il s'est mis du côté des faibles, des opprimés. Chaque fois qu'on se met de leur côté, on est à l'image de Dieu, qui a choisi de devenir un pauvre homme.

Quant à la souffrance et à la mort, il me paraît impossible qu'elles viennent de Dieu, puisque Jésus, le Fils bien-aimé en a été brisé dans son corps et dans son âme : « Mon âme est triste jusqu'à la mort. » Il a vécu la passion de l'humanité impuissante dans sa détresse, c'est jusque-là qu'il nous a aimés, jusqu'à se laisser inoculer le virus du mal, à la seule fin de nous offrir, à nous autres humains, le « sérum » capable de guérir notre mal, les plaies et les blessures que nous nous infligeons les uns aux autres.

Dieu n'a pas voulu créer des robots téléguidés, une société à l'image du *Meilleur des mondes*, mais des êtres libres, pouvant choisir l'amour ou la haine. Jésus tué par la haine nous donne son « remède », l'amour : « Aimez-vous comme je vous ai aimés. » Il appelle Judas, qui le trahit par un baiser, « ami » ; il écarte l'épée de Pierre ; il refuse de vaincre par la violence qui écrase l'adversaire ; cette violence, la voici à l'œuvre dans des degrés divers, enfants battus, violés, soumis à un travail écrasant, des femmes traitées en esclaves, proies faciles entre les mains du mâle, le « fort », des hommes qui deviennent de la chair à canon, les peuples du tiers-monde asservis à un travail au salaire dérisoire et qui vendent leurs matières premières aux bas prix imposés injustement.

Il n'est pas de lieu sur terre où le gémissement du pauvre ne s'élève vers Dieu... Vers quel Dieu ? Un Dieu aveugle et sourd, indifférent et muet ? Ou un Dieu de « compassion » qui entre dans la « passion » de l'humanité pour partager sa chair de douleur et de mort ? Tel est l'amour insensé de Dieu que nous révèle Jésus-Christ, un amour « jusqu'au bout », un amour rédempteur pour libérer l'homme asservi par le mal. La douleur est à vivre avec le Fils de Dieu, pauvre avec les pauvres, souffrant avec les souffrants, « agonie jusqu'à la fin des temps » (Pascal)... en agonisant, c'est-à-dire aussi dans le sens grec du terme : en combattant. Entrer dans la compassion de Dieu, c'est aussi entrer dans sa lutte pour l'homme, pour la justice. Le Christ ne disait-il pas : « Malheur à vous, pharisiens hypocrites qui acquittez la dîme de la menthe et négligez la justice... » ?

Je sais. Le commandement de l'amour associé à la liberté de l'homme n'est pas facile à comprendre. Que de fois ai-je entendu : « Si Dieu existait, il n'y aurait pas de souffrance, il n'y aurait pas de guerre. » Ou encore, récemment, cette dame âgée qui disait à une voisine : « Je ne sais pas pourquoi Dieu n'a pas encore voulu de moi. » Nous avons un peu tendance à mettre Dieu à toutes les sauces. Non. Ce n'est pas Lui qui décide du moment de notre mort. C'est notre tempérament, la manière dont nous vivons, ce que nous mangeons, etc., qui en décidera. Cela dit, je comprends très bien les gens qui, face à leur propre vécu et face à ce qu'ils voient dans le monde, rejettent l'idée de Dieu. On peut se poser la question : ont-ils été vraiment évangélisés ? Je constate que beaucoup de gens que je rencontre ont une notion simpliste du christianisme. Ils ne semblent pas avoir entendu parler du Dieu-Amour. Sur bien des points, je me sens aussi athée qu'eux. Moi aussi je refuse de croire à un Dieu autocrate, brandissant des commandements à suivre sous peine de châtiments éternels. Et moi aussi, parfois, quand je vois toutes les souffrances des hommes de par le monde, j'ai des moments de doute, voire de révolte, et je me rebelle contre Dieu, en l'apostrophant sévèrement. Mais, en définitive, chez moi, ce sont toujours la confiance et l'amour qui gagnent. Et je me souviens de la seule loi de Jésus-Christ : « Mes petits enfants, aimez-vous comme je vous ai aimés. »

Tout péché, en fin de compte, est un manque d'amour. Car le Christ nous a donné un seul commandement : « Aimez-vous les uns les autres. » Mais, encore une fois, l'homme est libre d'accepter ou non cette loi ; rien n'est imposé. L'homme peut, s'il le veut, porter son intérêt exclusivement sur son propre bien et son propre enrichissement. Quitte à écraser, exploiter, tuer l'autre. Mais en refusant ainsi l'amour aux autres, il refuse aussi la relation avec Dieu.

Se révolter et lutter contre l'injustice, c'est entrer dans le cœur de Dieu, dans l'amour de Dieu, qui n'ajoute pas à la violence une autre violence, qui laisse l'homme libre, mais qui l'appelle à combattre pour que le mal recule, car Dieu est directement concerné par la passion de l'humanité : passion de douleur et passion d'amour. Dieu se révèle présent dans nos détresses et dans nos luttes contre l'injustice. Le Christ jaillissant du tombeau nous apporte une formidable espérance : « Je serai ta mort, ô mort ! » Le choix de l'amour ouvre à la vie, l'amour est plus fort que la mort, il porte en lui, avec le Christ, le germe de la résurrection.

C'est ma seule réponse.

Chapitre VII

Plus loin que la raison

Le 10 mai 1931, à l'issue de mes deux années parisiennes de formation dans la « science de l'amour », j'ai prononcé mes vœux de religieuse. Avec une joie immense. Je savais que j'avais trouvé ma voie. Ma congrégation de Notre-Dame-de-Sion avait pour vocation l'éducation des filles et je pouvais être affectée à plusieurs collèges situés autour de la Méditerranée, mais aussi dans quelque lointain continent. Mes supérieures choisirent de m'envoyer à Istanbul. En ces temps-là chacun de nos collèges pour jeunes filles de bonne famille comportait en annexe une « petite école » destinée aux enfants pauvres du quartier. À ma demande, c'est là qu'on me nomma. J'y ai connu plusieurs années très heureuses. J'adorais ces bambins que je cherchais à préparer pour un avenir meilleur. En leur compagnie je chantais et dansais de joie, au grand étonnement, parfois, des sœurs plus âgées. De la fenêtre de ma classe je voyais, de l'autre côté de la rue, la chapelle du collège où je communiais chaque matin. Mon regard s'y portait souvent. Il me semblait que, Jésus et moi, nous travaillions ensemble au service des plus petits.

Cependant la guerre approchait. Coupé de la France, le collège risquait de manquer d'enseignantes. Estimant que j'avais des dispositions de ce côté, la supérieure locale me demanda d'entamer des études à l'université d'Istanbul. J'ai opté pour la philosophie. Depuis un certain temps j'avais commencé à me poser des questions : de quelle manière Jésus est-il Fils de Dieu ? Est-il vraiment né d'une vierge ? Les miracles, le tombeau vide, la résurrection, tout cela était-ce vraiment authentique ? Jeune et férue de « raison raisonnante », je voulais, avant de me lancer dans la théologie, poser des bases philosophiques capables d'apporter des certitudes à ces questions.

Je suis tombée de haut. Avant notre prise de voile, notre maîtresse de novices nous avait interpellées avec une certaine sévérité : « Saurez-vous rester fidèles dans l'épreuve ? Alors seulement vous comprendrez les difficultés de la vie et vous pourrez devenir la sœur universelle sur laquelle chacun pourra s'appuyer. » Eh bien, les « difficultés de la vie » ont failli avoir raison de moi.

À l'université, en effet, je me suis lancée, à corps perdu, dans l'étude des grands philosophes — les Grecs, Kant, Hegel et d'autres — et dans les théories toutes nouvelles de Freud. J'ai aussi découvert les exégètes protestants, qui attestent la réalité historique de Jésus mais nullement son caractère divin. L'étude des religions m'a fait connaître Bouddha, Confucius, Lao-Tseu, Mahomet, qui, eux aussi, me paraissaient apporter leur part de vérité. Peu à peu je réalisai qu'il n'y a pas de vérité absolue. Plus je poussais mes recherches, plus j'avais l'impression de foncer dans les ténèbres. Comme si cela ne suffisait pas, un choc plus rude encore m'attendait sur les bancs de la faculté. Moi qui avais été élevée dans un catholicisme intransigeant, baignant encore dans le vieil adage « Hors de l'Église, point de salut », je découvris avec stupéfaction — cela semble une évidence aujourd'hui —, à travers mes professeurs notamment, qu'on peut à la fois faire montre de très hautes valeurs morales, intellectuelles et spirituelles et être musulman, juif, même non-croyant. Je me suis souvenue à ce moment-là de mon oncle André, un des hommes que j'ai le plus admirés. D'une probité absolue, il apportait à toute discussion autant de rigueur que de largeur d'esprit. Athée convaincu, il respectait parfaitement la foi ardente de ma tante.

Ce fut une épreuve très dure. Jésus, le Fils de Dieu, qui jusque-là avait été le sens de ma vie, semblait se désagréger entre mes mains au fur et à mesure de mes lectures : son visage disparaissait derrière les têtes bien réelles de mes savants auteurs. Ma relation avec lui devenait de plus en plus floue. Avais-je donc aimé un fantôme ? Mon dialogue avec lui n'était-il que de la fumée ? J'avais l'impression que ma foi, impuissante à répondre aux arguments qui l'assaillaient de toutes parts, était comme coincée dans un collimateur. Ma double fascination, pour le Christ et pour la « raison raisonnante », était manifestement contradictoire. J'étais désespérée.

Puis une recommandation que nous avait faite un jour une de nos supérieures m'est revenue en mémoire : « Quand vous êtes en difficulté, ouvrez l'Évangile. Lisez-le lentement, en laissant les mots retentir dans votre âme. Vous verrez, tout doucement, la paix revenir en vous. » Alors j'ai refermé mes livres savants et, dans la pénombre de la chapelle, j'ai ouvert le

Nouveau Testament. Je lis un passage de Luc : « À cette heure même, Jésus tressaillit de joie sous l'action de l'Esprit saint et dit : "Je te bénis, Père, Seigneur du ciel et de la terre, d'avoir caché cela aux sages et aux intelligents et de l'avoir révélé aux tout-petits[19]." » Jésus est clair : c'est à prendre ou à laisser. Ou bien je me range du côté des « sages et intelligents » et je ne crois que ce que ma « raison raisonnante » accepte. Ce qui veut dire : foin des miracles, d'une vierge qui enfante et d'un homme ressuscité. Ou bien je crois à la Révélation offerte aux tout-petits. Alors, Emmanuelle, où te situes-tu ? Es-tu capable de devenir « petite » ? Comment faire autrement quand on lit cette autre exhortation de Jésus rapportée par Marc : « En vérité, je vous le dis, quiconque n'accueille pas le Royaume de Dieu en petit enfant, n'y entre pas. » Je fixe le tabernacle et l'hostie qu'il recèle. Cette hostie dont je me nourris chaque matin ne serait-elle qu'un vulgaire morceau de pain azyme ? Pourtant, Emmanuelle, depuis toutes ces années, tu vis, tu ressens, tu reconnais en toi la force et la douceur de l'Eucharistie !

Alors je me suis écriée : « Jésus, sois la lumière de ma vie, la vigueur de mes pas, la joie de mon âme ! » Je m'apprêtais à perdre la proie pour l'ombre, à perdre « la Voie, la Vérité et la Vie[20] » pour des arguments auxquels seules des études très poussées pourraient répondre. Courage, Emmanuelle, laisse ta tendance à tout « décortiquer » et garde un cœur d'enfant !

J'ai donc opté pour la foi et pour la vie. Mais je suis très consciente que l'issue, pour moi heureuse, de cette période de doute est due principalement à ceci que j'étais plongée dans un milieu propice à la prière et à la foi. Si je n'avais pas été religieuse, n'aurais-je pas, moi aussi, fait comme tant d'autres qui voient à un moment donné les deux logiques, celle de Dieu et celle de la raison, entrer en conflit ? Ne serais-je pas, moi aussi, partie sur la pointe des pieds ? Aujourd'hui, je rencontre bien des jeunes qui, vivant dans un milieu moins protégé que le mien, connaissent ce genre de « crise existentielle », et cela plus tôt que moi, vers l'âge de douze, treize ans. Il n'y a pas grand monde pour les aider ni pour les écouter...

Une autre chance s'est présentée sur mon chemin. M'étant, une fois la guerre finie, inscrite par correspondance à la Sorbonne en vue de préparer ma licence, j'ai eu le bonheur de trouver au programme Blaise Pascal. Avec son implacable lucidité il m'a beaucoup aidée. « Qu'est-ce qu'un homme dans la nature ? écrit-il dans ses célèbres *Pensées*. Nous sommes incapables de savoir certainement et d'ignorer absolument. » Donc, poursuit-il plus loin : « Les hommes sont dans les ténèbres et l'éloignement de Dieu. » Sachant cela, il propose son fameux pari : « Dieu est ou il n'est pas [...]. La raison n'y peut rien déterminer [...]. Vous êtes embarqués, il faut choisir[21]. » À la suite de Pascal, je me suis embarquée, j'ai parié pour la foi, et ce choix continue à être pour moi une source de joie profonde. À vrai dire, je suis très heureuse d'avoir vécu cette crise de doute, car il me semble qu'elle a raffermi ma foi, qui sans ces interrogations de jeunesse aurait pu garder un côté « foi du charbonnier ». Dans ma relation au Christ, elle m'a fait passer, en quelque sorte, de la fascination de mon enfance à un amour plus mûr. À mon âge, qui s'en plaindrait ?

« Le cœur a ses raisons que la raison ne connaît pas », dit encore Pascal. Quand on aime, on ne discute pas, on s'en remet à l'autre. La foi et la raison ne sont peut-être pas aussi contradictoires qu'on le pense généralement. Ce qui m'interpelle aujourd'hui est de constater que les hommes de science ont de plus en plus tendance à reconnaître qu'il y a « quelque chose » au-delà de ce qui est connaissable, au-delà de la raison. Quoi ? Un mystère, Dieu. Comme l'écrit dans son *Ce que je crois* l'historien Jean Delumeau : « La science invite à se tourner vers Dieu, mais elle ne dira jamais qui il est. » J'ai trouvé dans ce livre une autre phrase qui me va droit au cœur : « Il est clair, historiquement parlant, que Dieu et l'homme sont liés. Si l'on tue le premier, le second est lié au même sort, faute de défenseur. »

Dieu et l'homme sont liés. La vigueur et la profusion des religions l'attestent et chaque culture a mis au point sa voie spécifique pour chercher Dieu. J'ai de très nombreux amis musulmans et non-chrétiens. Jamais je n'ai cherché ou je ne chercherai à les convertir. Moi qui suis née catholique et qui, dans ma faiblesse, ai pu mettre à l'épreuve ma relation avec Jésus-Christ, j'estime que c'est lui qui détient la vérité absolue. Mais mon expérience à Istanbul m'a appris que je ne la possède pas, cette vérité absolue. Je possède peut-être quelques rayons de l'absolu, mais les autres religions aussi. J'avais aimé étudier le bouddhisme. Eh bien, je pense qu'il pourrait nous apporter une approche de la vérité par le dépouillement de l'« ego » qui nous ferait à tous le plus grand bien. Bouddha et Mahomet se sont présentés comme des envoyés de Dieu. Mais ni l'un ni l'autre n'est son Fils. Je le répète : le christianisme offre une voie qui, d'après moi, est la voie la plus directe pour monter vers Dieu. Les autres voies sont, sans doute, moins directes mais je les respecte. Ma fragilité à moi a besoin de s'appuyer sur le Christ, mais je connais des incroyants plus forts et meilleurs que moi. Je pense que tout homme de bonne volonté est Fils de Dieu.

Qu'est-ce que je veux dire par là ? Quelque chose d'essentiel à mon avis : ce n'est pas sa croyance qui fait l'homme, ce sont ses actes. Quand je rencontre quelqu'un de nouveau, je ne m'interroge pas sur sa religion, sa pratique ou ses rites. J'essaie de savoir quelles sont les relations qu'il entretient avec ses frères. Je crois que ce grand maître à penser, Blaise Pascal, l'a dit mieux que quiconque : « Tous les corps ensemble et tous les esprits ensemble et toutes leurs productions ne valent pas le moindre mouvement de charité. Cela est d'un ordre infiniment plus élevé[22]. » Au-delà des biens matériels, au-delà de la pensée, ce que Pascal appelle le troisième ordre, celui de la charité, est celui de l'amour, « ce qu'il y a de plus haut dans la sagesse ». On retrouve le cœur et ses raisons ! Le critère est tout simple : oui ou non, sommes-nous prêts à partager ? Le Christ lui-même, d'ailleurs, ne parle jamais de pratique religieuse. Il parle de l'amour pour « le plus petit de ses frères ».

Je voudrais revenir sur cette injonction du

Christ qui m'a permis de sortir de ma crise et que, dans les Évangiles, le Christ répète au moins trois fois : pour entrer dans le Royaume, il faut « redevenir comme les enfants ». Cela m'a fait beaucoup réfléchir, parce que ce n'est pas du tout ma pente naturelle. Personnellement, j'ai plutôt tendance à ne croire que ce que mon intelligence peut appréhender. Mais, comme je voulais vraiment « entrer dans le Royaume » de celui que j'aime et que c'était à prendre ou à laisser, j'ai accepté de redevenir comme un enfant, de faire taire ma « raison raisonnante » qui veut toujours tout décortiquer. Depuis, j'ai remarqué autour de moi que les personnes qui me paraissent avoir une relation très profonde avec Jésus-Christ sont celles qui ont une sorte de simplicité dans le comportement qui les rapproche des enfants. Quelle est la différence foncière entre un adulte et un enfant ? L'enfant fait confiance, il « s'en remet » à plus grand ou plus âgé que lui. L'adulte croit tout savoir par lui-même. Celui qui veut établir à lui seul les critères du bien et du mal se fait en quelque sorte l'égal de Dieu. Ne sommes-nous pas tous plus ou moins portés à vouloir être notre propre juge, notre propre maître, par le penchant de notre nature et plus encore si des études supérieures nous font croire en notre... supériorité.

D'autre part, reconnaissons-le clairement : l'adulte à l'esprit normalement développé ne peut pas croire en un Dieu à l'aspect enfantin. Or, que connaît-il de Dieu, sinon celui du petit catéchisme de son enfance ? Que connaît-il des sciences humaines ? Des éléments souvent assez approfondis. Le décalage est considérable et le pousse à faire fi de toute pratique religieuse.

Ce qui me frappe par ailleurs — je l'ai constaté sur moi et sur d'autres —, c'est que la maladie ou quelque autre épreuve nous font perdre en partie notre complexe de supériorité. Je me souviens d'avoir été présentée à une agrégée de philo super-intelligente et d'un genre assez voltairien et persifleur : Église, papauté, religion, morale, société, rien n'échappait à ses critiques assez pertinentes, il faut l'avouer. Quelques mois après, elle perd une personne qui lui était très chère et demande à me voir. Ce n'était plus la même femme. Notre dialogue est descendu jusqu'à des profondeurs incroyables : le sens de la vie, de la mort, la différence entre l'homme et l'animal, le temps et l'éternité... Elle était passionnante, cette recherche d'un absolu que nous n'arrivions pas à circonscrire.

Je crois très profondément qu'on se rapproche de Dieu, non pas lorsque l'intelligence faiblit, mais, bien au contraire, quand elle se dégage du superficiel et tend à atteindre l'essence naturelle des choses que la simplicité de l'enfant lui fait parfois toucher. Quand la souffrance ne nous met pas en état de révolte — j'en sais quelque chose ! —, elle peut nous aider à laisser tomber la gangue de notre suffisance pour retrouver le plus vrai, le plus profond de notre personnalité.

Je vis encore des grâces reçues durant une double convalescence, après une typhoïde et une broncho-pneumonie et durant la longue période de désert de mon séjour en Tunisie : grâces de vérité sur moi-même et sur la valeur relative des choses et des événements que je dramatise trop facilement. La relation avec Dieu et les hommes m'est devenue ensuite plus facile.

Pour ma part, je n'ai pu avoir une relation directe avec Jésus-Christ que dans la mesure où j'ai accepté de devenir petite. Les livres de philosophie et d'exégèse que je chérissais tant dans ma jeunesse ne m'intéressent plus. J'en ai brûlé, j'en ai aussi beaucoup donné. Parmi les rares livres de chevet qui me restent, il y a Pascal, bien sûr, et la vie de sainte Bernadette. Cette petite bergère qui n'était même pas allée au catéchisme était bien plus proche de Dieu que moi. Jusqu'à la fin de sa vie elle a vécu comme un enfant abandonné entre les mains de Dieu. Moi dont l'esprit tourne sans cesse comme le moulin qu'affrontait Don Quichotte, je voudrais arriver à cette simplicité-là. Voilà mon idéal.

Chapitre VIII

Bidonville, mon amour

Istanbul, Tunis, de nouveau Istanbul et finalement Alexandrie : pendant quarante ans, travaillant dans les collèges de Notre-Dame-de-Sion, j'ai dû mettre entre parenthèses mon désir de vivre pauvre avec les pauvres. Ce qui ne veut pas dire que j'ai été malheureuse pendant toutes ces années-là. J'aimais le métier d'enseignante, j'ai adoré les élèves et les enfants, je pouvais vivre ma relation quotidienne avec le Christ. Mais je savais aussi que ma véritable obsession de me mettre dans les pas de ce Jésus qui était né sur la paille représentait ma part de vérité. Or toutes les demandes que j'avais formulées en ce sens s'étaient heurtées au refus de mes supérieures. Il était inconcevable, à cette époque, qu'une religieuse sorte de son couvent.

Et comme je voulais rester religieuse... il a fallu attendre, en 1971, la fermeture de notre collège à Alexandrie et ma « mise à la retraite » théorique pour que j'obtienne, enfin, la permission de vivre avec les pauvres. À condition que je rejoigne chaque samedi et dimanche la communauté des sœurs. Cette autorisation était devenue possible grâce au fait qu'entre-temps, de 1962 à 1965, avait eu lieu le concile Vatican II. Cette « réunion au sommet », presque révolutionnaire, avait ouvert toutes grandes les portes de l'Église catholique, y compris celles des congrégations.

Après coup je me rends compte que ces quarante années de préparation et de maturation n'ont pas été de trop. Dans ma recherche des « misérables parmi les misérables » et conseillée par l'administrateur apostolique au Caire, Mgr Bruno Heim, je suis en effet tombée sur des pauvres qui n'étaient pas des enfants de chœur. Au Caire il n'existe pas de service officiel de ramassage des ordures. Avec l'accord de la mairie et l'aide de la mafia locale, ce sont les pauvres émigrés de la Haute-Égypte qui, installés dans les terrains vagues autour de la ville, se sont improvisés éboueurs, ou « chiffonniers », comme nous le disons de façon plus élégante. Les Cairotes les assimilant à la matière qu'ils traitent les appellent *zabbalines,* ce qui veut dire « sales types ». Tout le monde m'avait prévenue : ce sont des ivrognes, des voleurs et des assassins. Même la police ne se rend pas dans ces bidonvilles minables.

Un prêtre copte m'avait présentée à deux de ses paroissiens, Labib et sa femme Malaka, qui habitaient un de ces bidonvilles portant le nom ironique — car il n'y avait pas une seule plante, que de la poussière et de la boue — de Ezbet-el-Nakhl, « la palmeraie ». Labib avait accepté de dégager, à l'intention de l'étrangère un peu bizarre que j'étais, sa cabane à chèvres de six mètres carrés. Je me souviens de ma joie intense quand il est venu me chercher avec son âne et sa carriole, sur laquelle j'ai alors chargé un lit, un tabouret, quelques livres et une lampe à pétrole. J'ai fait mon entrée dans le bidonville, acclamée par les enfants comme une mariée — *El aroussa ! El aroussa !* —, car c'est ainsi que les jeunes femmes emménagent dans le logement de leur époux. Et moi, j'ai tout de suite su que j'avais enfin trouvé la plénitude que je recherchais depuis si longtemps, dans l'Incarnation, le Christ fait chair.

Tous les bidonvilles du monde présentent un concentré de misère et de désolation. Ceux des chiffonniers du Caire ont quelque chose en plus : des montagnes d'ordures, cachant parfois les cabanes, se déversant dans les ruelles, imprégnant de leurs odeurs et de leur fumée l'atmosphère. Chaque jour, vers midi, quand le père de famille, revenant de sa tournée en ville, vide sa carriole devant sa masure, femmes et enfants se précipitent pour trier le butin. Plastique, fer, carton, chiffon, verre, tout est soigneusement sélectionné en vue de la vente ou du recyclage. Les denrées alimentaires sont récupérées, en partie, pour la consommation familiale. Dans les familles coptes — en majorité dans les trois bidonvilles où j'ai vécu —, le reste sert à engraisser les cochons. Ma cabane donnait sur la cour à cochons de Labib. Parfois, dans la nuit noire, je leur marchais sur les pattes. Ce sont des bêtes pacifiques : ils ne m'ont jamais mordue. De même, je me suis très vite habituée aux rats !

J'étais tout de même un peu étonnée. Je me retrouvais, à soixante-deux ans, dans un milieu parfaitement étranger, dont je maîtrisais à peine la langue, sans le moindre confort, et j'étais envahie d'un sentiment de joie comme je n'en avais jamais connu auparavant ! J'ai compris pourquoi : parce que ma nouvelle vie allait être, enfin, la mise en acte, la concrétisation de mon désir de suivre ce Christ, le pauvre par excellence, qui était venu « pour appeler non les justes, mais les pécheurs[23] ». Au grand scandale des pharisiens, c'était avec eux, les pauvres, les malades et les pécheurs, que Jésus aimait s'asseoir et partager le repas. Mon désir de quarante ans — que dis-je ? de cinquante ans — était comblé.

Chaque matin à cinq heures, je courais vers le train qui allait m'emmener vers l'église pour la rencontre avec Jésus dans l'Eucharistie. J'avais l'impression que le haut voltage de ma communion allait servir de moteur à l'ensemble du bidonville. Aussitôt rentrée, je retrouvais le Christ dans les ruelles et dans les cabanes. Quand, assise sur le sol, je partageais le plat quotidien de *foul*, « fèves », avec Labib, Malaka et leurs enfants, quand, sous la pompe, je lavais à grande eau la tête pleine de poux de Fatma, quand j'enlevais un clou du pied de Guirguis, je ne pensais pas à Jésus, il était là. Comme un être qu'on aime tant qu'on n'a plus besoin de lui parler. Quand je prenais dans mes bras la petite Leïla pour la porter au dispensaire et l'arracher à la mort, le Dieu de la Vie était là, présent, pour m'aider à ranimer son souffle. Dieu a besoin des hommes, vivre ainsi son combat, jour après jour, vous donne du « punch ».

J'ai découvert dans ce bidonville une autre réalité qui, au début, m'a réellement fait l'effet d'un choc. Dans leur simplicité de pauvres gens, ces voleurs, fumeurs de haschich et bagarreurs, m'ont paru bien plus près de Dieu que la majorité des « justes » et des honnêtes gens que j'avais fréquentés jusque-là. Je le savais en théorie : depuis la Genèse jusqu'à l'Apocalypse, la Bible raconte, à travers les grands prophètes, la préférence de Dieu pour les petits, les misérables. En passant par le *Magnificat* de Marie qui rend grâce à Dieu pour « avoir renversé les puissants de leurs trônes et élevé les humbles[24] ». À Ezbet-el-Nakhl, mes frères et sœurs chiffonniers sont devenus mes maîtres en catéchèse. Mieux que Pascal. Par une sorte d'osmose, quelque chose de leur foi simple et profonde est entré en moi. Quand Fauzeya, ma voisine, chantait quelques versets de l'Évangile, la lumière du Christ semblait transfigurer son visage. Or, Fauzeya ne savait pas lire. J'ai appris que la vraie « connaissance » jaillit du cœur et non des livres. Un soir, lors d'une veillée de prières en plein air — les chiffonniers n'avaient pas d'église —, Taki, un autre voisin, s'est prosterné en criant : *Ya Rab, ana khati !* (« Seigneur, je suis un pécheur ! ») Soudain, il s'est redressé et, se tournant vers l'Orient — d'où, selon la tradition, le Christ va revenir —, il a clamé : *Ya Rab, orham !* (« Seigneur, pitié ! ») Son visage rayonnait de lumière. Il était sûr que Dieu lui pardonnait. *Ya Rab !* (« Ô Seigneur ! ») Combien de fois ai-je entendu cet appel plein de ferveur fuser autour de moi ! Les chiffonniers m'ont aidée à simplifier ma prière. Pensant à tous mes frères et sœurs entraînés vers le mal — et je sais que, fragile comme je suis, si ce n'était pour le Christ, je serais certainement de leur nombre —, je crie, moi aussi : *Ya Rab, ana khati. Ya Rab, orham !* et je sais que le Père des cieux m'écoute.

Il n'y avait pas que la prière. Il y avait aussi l'action, une mise en application directe du chapitre XXV de Matthieu : « J'ai eu faim, soif, j'étais nu, malade [...], et vous êtes venus vers moi. Vous êtes les bénis de mon Père. » Les exemples abondent. C'était Omou Chaabane qui un jour me volait mes ciseaux et le lendemain me donnait sa dernière cruche d'eau et son dernier pain. Ou Abou Farès, gravement malade, qui reçut de ses voisins la somme nécessaire pour payer son opération. Ou encore le jeune Saber, dont l'agonie avait attiré autour de sa cabane une foule pleurant et priant pour sa guérison. Des parents venaient-ils à disparaître ? Les enfants étaient immédiatement pris en charge par la famille ou les voisins, pour de bon.

C'est ainsi que j'ai vécu pendant cinq ans, à Ezbet-el-Nakhl, avec l'équivalent de deux dollars par mois — pour acheter mes fèves —, les années les plus heureuses de ma vie, dans une joie profonde, parce que en accord total avec ma vocation. Sans exaltation ni extase, je vivais un bonheur tranquille, comme la flèche dont parle saint Thomas d'Aquin qui « ayant atteint sa cible, ne vibre plus ». Je me vois encore, priant mon chapelet, le soir sous le ciel étoilé dans la cour des cochons de Labib, je me sentais en harmonie avec l'univers entier. Je crois qu'il y avait une autre raison qui expliquait mon bonheur là-bas et dans les deux autres bidonvilles où j'ai vécu jusqu'en 1993 : chez nous — je continue à dire « chez nous » — on vivait dans la justice. Tous étaient égaux, gagnant leur vie, mangeant et s'habillant de la même manière. La solidarité était telle que personne n'avait faim. Comme dans les premières communautés chrétiennes, « nul n'était dans le besoin[25] ». Ceux qui avaient un peu d'argent en plus le mettaient de côté en vue du mariage de leurs filles. Ou parfois le buvaient au café. Où, d'ailleurs, auraient-ils pu faire des dépenses ? Il n'y avait ni magasin, ni cinéma, ni lieux de sport et de loisirs. Et moi, j'étais devenue un des leurs, sans privilège, sans autre richesse qu'eux.

Revenue en Europe, j'ai découvert qu'il s'agit là d'une réalité pas facile à faire comprendre aux honnêtes gens. Parfois, à la fin d'une conférence organisée par mon association, une dame pleine de bonne volonté me tendait quelque cadeau : « Pour "vos" pauvres, ma sœur. — Madame, ce ne sont pas "mes" pauvres, mais mes frères et mes sœurs, avec lesquels j'ai la joie de partager une vie pauvre. » J'ai toujours refusé l'expression « s'occuper des pauvres ». Si, dès les premières semaines, j'ai « occupé » mon temps en ouvrant dans l'étable de Labib une petite classe pour les enfants et en organisant, le soir, des cours d'alphabétisation pour les hommes, c'était pour leur permettre de sortir par eux-mêmes de la crasse et de la misère. Et aujourd'hui, beaucoup ont commencé à en cueillir les fruits. Mais je ne leur ai jamais fait le moindre cadeau. Des récompenses pour ceux qui travaillaient bien, oui. Mais pas de cadeau.

Autre malentendu que j'ai rencontré souvent sur mon chemin : on a reproché à mon discours sur les pauvres d'être naïf et iréniste. Dans mon désir d'idéaliser les chiffonniers, j'aurais tendance à oublier qu'ils sont avant tout voleurs, ivrognes et assassins. Je ne peux répondre que ceci : je sais qu'ils sont voleurs, ivrognes et assassins. Ils sont menteurs, en plus. Ils sont tout ce qu'on veut, sauf — et c'est essentiel pour moi — hypocrites ! Je sais aussi qu'à mes yeux leurs crimes et leurs défauts viennent de leur manque d'éducation et surtout du fait de leur exclusion, du mépris qui les entoure. Pour Jésus-Christ, les chiffonniers sont, comme nous tous, des hommes et des femmes dignes d'être aimés et qui, sous l'effet de l'amour, changent. Je l'ai vu ; au bout de quelque temps leur « gangue » de brutalité a commencé à se désagréger.

C'est précisément un assassinat qui, au bout de cinq ans, m'a poussée à sortir de ma réserve et à prendre mon bâton de pèlerin. Une nuit, Baazak, un chiffonnier de dix-huit ans, alors qu'il jouait aux cartes, s'est fait tuer par un de ses copains qui, comme lui, avait bu trop d'« alcool rouge », le mélange local d'alcool à brûler et de Coca-Cola. J'ai compris que si les jeunes pouvaient avoir une autre distraction que l'alcool et les cartes après le ramassage des poubelles ils ne mourraient plus ainsi dans ce bidonville. Jusque-là j'avais sollicité en vain la solidarité des riches coptes : ils ont l'habitude de donner beaucoup d'argent pour le culte et les bâtiments d'église, peu pour l'action sociale. J'ai donc commencé à rendre visite à mes amis et relations en Europe et aux États-Unis, à visiter les paroisses pour parler des chiffonniers, à me faire interviewer à la radio et à la télévision. Eh bien, je dois avouer qu'à la suite de ces contacts — qui, à mon regret, m'éloignaient de mes amis, les chiffonniers —, j'ai perdu quelque peu mon agressivité à l'égard des riches. Les bons chrétiens, les « bourgeois » — il n'y a guère plus qu'eux qui fréquentent les paroisses aujourd'hui — ont été d'une générosité telle que j'ai pu lancer, dans les trois bidonvilles, la construction non seulement de terrains de sport mais d'écoles et de dispensaires qui ont changé la vie des gens.

Donc, après avoir vécu pendant cinq ans véritablement immergée dans la vie des pauvres, j'ai dû, une fois par an pendant les dix-sept ans qui ont suivi, quitter ma cabane, le cœur lourd, et prendre l'avion afin de réunir les fonds nécessaires pour sortir mes amis de la misère. Mais aussi afin de témoigner. Témoigner de cette incroyable réalité que les maudits de la société sont les bénis de Dieu ; que Jésus a pris chair pour partager la condition des pauvres ; et que, pour entrer dans le combat de la justice, il a donné son sang. Et je peux dire que, face à une femme qui vit dans la pauvreté et en qui ils ont confiance, certains riches sont capables d'une générosité époustouflante. À trois reprises j'ai reçu un chèque de un million.

Quant à moi... À Londres, j'avais été éblouie par le bébé Jésus couché sur la paille. À Ezbet-el-Nakhl, à Mokattam et à Meadi Tora, j'ai vu chez mes voisines des nouveau-nés couchés sur des chiffons. Grâce à eux et à leurs parents, j'ai connu cet extraordinaire privilège : Jésus s'est incarné dans ma propre personne pour poursuivre son aventure de pauvreté et d'amour. Pour moi, les pauvres ont cessé d'être une construction théorique ou un idéal spirituel. Les chiffonniers m'ont permis de vivre la « science de l'amour » dans la chair.

Chapitre IX

Pierre, François, Bernadette et moi

Dieu m'a fait des grâces extraordinaires. Mais cela ne change rien au fait que, en dépit de mes prières, j'ai gardé mon tempérament dur. Souvent je sens sourdre du plus profond de mon être de l'orgueil, carrément de la vanité, et puis une certaine sensualité qui voudrait goûter à tout. Alors, pour pouvoir suivre le Christ, pour m'accrocher à lui, j'ai besoin du soutien d'hommes et de femmes qui, au cours des siècles, l'ont aimé avant moi. Des saints que moi j'appelle les « grands amants ». « Faites-vous des amis au ciel », nous avait recommandé mère Marie-Alphonse.

Chaque chrétien, je pense, choisit les saints qu'il préfère en fonction de son vécu et de son tempérament. De ses objectifs aussi. J'en ai deux : glorifier Dieu et aider les hommes à vivre, ce qui, de fait, est la même chose. « La gloire de Dieu, a dit saint Irénée, c'est l'homme vivant. » Les « amis au ciel » qui m'inspirent le plus, soit parce qu'ils me ressemblent, soit parce qu'ils représentent ce que je voudrais devenir, sont deux hommes et une femme, Pierre, François et Bernadette. Ils personnifient l'élan et le souffle avec lesquels j'aimerais me mettre dans les pas de Jésus.

D'abord Pierre, le pêcheur du lac de Galilée, qui, du temps où Jésus était sur terre, l'a suivi avec une fougue admirable. Mais il est fragile comme moi ; il s'emballe aussi vite qu'il se dégonfle. Un jour, voyant son maître marcher sur l'eau, il s'élance vers lui et... coule à pic. Il crie alors : « Seigneur ! Sauve-moi[26] ! » Jésus le saisit par la main, le rabroue : « Homme de peu de foi ! » Et, ensemble, ils continuent leur chemin en marchant sur les flots.

Enseignante à Tunis, j'ai vécu une expérience qui m'a beaucoup fait penser à cet épisode. Affaiblie par la chaleur humide bien plus éprouvante que celle d'Istanbul, mal en point, j'étais incapable d'imposer un minimum de discipline à de jeunes élèves naturellement portées sur le chahut. Le matin, après l'Eucharistie, je m'élançais, le tonus au zénith, sur les flots mouvants de ma classe. Mais, très souvent, la langueur et le découragement me tombant dessus, je priais : « Seigneur, au secours, je ne peux pas me laisser aller ! » Je me redressais — j'oserais dire « il » me redressait — et, hop ! j'arrivais, plus ou moins, à calmer l'agitation qui avait failli me submerger.

En ces temps difficiles, je lisais et relisais la première lettre de Pierre, lui qui avait « vu » le Christ, envoyant ses recommandations aux premiers chrétiens : « Sans l'avoir vu, vous l'aimez. Sans le voir encore, mais en croyant, vous tressaillez d'une joie indicible et pleine de gloire. » et plus loin : « Quand vous aurez souffert un peu, le Dieu de toute grâce, qui vous a appelés à sa gloire éternelle, dans le Christ, vous rétablira lui-même, vous affermira, vous fortifiera, vous rendra inébranlables[27]. » Cette éprouvante année tunisienne m'a appris, avec Pierre, à me raccrocher au Christ.

Une autre caractéristique de Pierre dans laquelle je me retrouve complètement est sa révolte. Matthieu le raconte[28]. Quand le maître annonce qu'il lui faut aller à Jérusalem, y souffrir beaucoup à cause des anciens et des scribes, et le troisième jour ressusciter, Pierre est hors de lui : « Mon Messie, subir un pareil traitement ! » Il tire Jésus à part et poursuit : « Dieu t'en préserve, Seigneur ! Non, cela ne t'arrivera point ! » Il s'entend répondre cette phrase terrible : « Passe derrière moi, Satan ! Tu me fais obstacle, car tes pensées ne sont pas celles de Dieu, mais celles des hommes. » Moi, j'aurais réagi comme Pierre. J'aurais cherché à persuader Jésus de ne pas se laisser tuer. Il n'aurait même pas eu besoin de ressusciter par la suite et il aurait, de plus, fait l'économie de la souffrance !

Oui, seulement voilà : mes pensées ne sont pas ses pensées à lui. Lui, il sait que, pour nous sauver de tout le mal et de toutes les souffrances que nous infligeons aux autres, il faut qu'il les éprouve jusque dans son corps et dans son âme*. Aie pitié de nous, Seigneur ! De nous, pauvres terriens qui essayons de croire sans voir et qui ne voyons pas toujours que tout ce que tu dis vient d'un autre monde !

* Quand il a écrit sa préface, Jacques Duquesne a eu connaissance d'une première formulation de mon texte, qui portait bien : « Lui, il sait que, *pour que son père nous pardonne* tout le mal et la souffrance que nous infligeons aux autres, "il faut" *qu'il aille jusqu'à la mort*. » Ce texte, peu satisfaisant en effet, a ensuite été modifié. « Il faut », impératif de l'amour qui veut partager la douleur de l'être aimé. Mais il est heureux que Jacques Duquesne ait reçu la première version, elle nous vaut une page magnifique, propre à faire réfléchir le lecteur. Grand merci à l'ami Jacques !

J'ai dit que je n'avais jamais connu d'extase. Ce n'est pas entièrement vrai, et c'est pour cela que l'épisode de la Transfiguration sur le mont Thabor[29] me touche beaucoup ; Pierre, Jacques et Jean y ont goûté quelque chose d'extraordinaire, ils ont été quelques instants plus près du ciel que de la terre. Pierre lui-même a dû en être transfiguré, car dans sa seconde épître il en parle avec enthousiasme[30]. Une nuit, dans le bidonville, moi aussi j'ai connu une sorte de « mont Thabor ». Il faisait une chaleur torride, je n'avais plus une seule goutte d'eau et j'étouffais. J'ai maugréé : « Je n'en peux plus. Cela t'est égal, Seigneur ? » Tout à coup j'ai senti une douceur incroyable qui prenait possession de tout mon corps, de la tête aux pieds. J'avais l'impression d'être comblée de béatitude, comment dirais-je, saturée... Jésus et moi, nous étions devenus un. Aujourd'hui encore, cette expérience — qui ne s'est jamais reproduite me remplit d'émerveillement. En pleine rouspétance, j'ai pu rencontrer Dieu !

Pierre — c'est pour cela que je l'aime bien — est un pauvre type. Comme moi à qui il arrive encore, même à mon âge, de me sentir attirée par des frivolités. Il n'y a pas si longtemps, dans un aéroport, je suis restée, à mon propre étonnement, pendant cinq bonnes minutes, fascinée devant un manteau de vison. Rien à faire... Comme quand j'avais vingt ans ! Pierre, lui, a renié Jésus trois fois. Il venait de dire qu'il était prêt à mourir pour le Christ, puis, trois fois de suite, alors qu'il était devenu dangereux de s'avouer disciple de cet homme, il a clamé, la main sur le cœur, qu'il ne le connaissait pas. Je suis, comme lui, tout feu tout flammes pour m'oublier moi-même, pour servir les autres et puis, tout à coup, paf ! ma vraie nature ressort. Mon désir d'être, ma fierté de réaliser, « l'orgueil de la vie », comme dit saint Jean. Alors je me dis : « Allons, allons, ma petite chérie. Tu es fière de quoi ? Ce n'est pas toi, c'est le Christ en toi qui a réalisé tout cela ! »

Pierre, finalement, a compris. Il a arrêté de plastronner. À la fin de sa vie, il était devenu tellement humble qu'il a demandé à être crucifié, non pas la tête haute, comme le Christ — il ne s'en estimait pas digne —, mais la tête en bas. Au moment de la mort, la vérité de l'être apparaît. Je l'avoue : j'ai rêvé bien des fois de mourir martyre, comme Pierre.

Le deuxième « grand amant » qui m'inspire est celui que Renan a pu appeler « le seul vrai disciple du Christ », saint François. Pourquoi ? Parce qu'il a compris que le sens, l'essence même de l'incarnation, était le passage de la toute-puissance et de la richesse à la pauvreté. Né douze siècles après Pierre, François était tout le contraire du disciple. Fils d'un riche drapier d'Assise, jeune homme « dans le vent » promis à un avenir de seigneur, il se laisse séduire, un jour, par le même Jésus-Christ. Celui-ci se révèle à François comme le Fils de Dieu dépouillé de toute sa puissance, en quête de disciples qui, comme lui, soient assoiffés de Dieu seul. Comme Jésus, François est devenu un pauvre misérable, ne possédant rien, pas de toit, pas un livre, pas de chaussures, rien que la tunique qu'il portait. Parti sur les routes pour apprendre aux hommes à s'aimer, avec un seul trésor, Jésus, dont il a toujours le nom aux lèvres et dans son cœur. Du temps où je vivais dans le bidonville, je savais que « Dame Pauvreté », l'épouse de saint François, m'avait accueillie dans sa demeure. Comme lui, je disais : « Je connais le Christ pauvre et crucifié. Il ne me faut rien de plus. » Oui, saint François d'Assise m'envoûte réellement. Lui qui, une nuit sur le mont Alverne, a tellement contemplé le Christ en croix qu'il a lui-même eu les stigmates des clous sur les mains et sur les pieds. Juste avant de mourir dans le dénuement le plus total, après avoir suivi Jésus pendant vingt ans, il s'est fait lire la Passion selon saint Jean, puis, avec la simplicité d'un enfant, il a demandé à manger un peu de gâteau aux amandes — qu'on a baptisé par la suite, en son honneur, « frangipane » — et il a expiré. Ses derniers mots furent : « Sois la bienvenue, ma sœur la mort. »

La mort héroïque de Pierre, le panache fantastique de François m'exaltent. Mais je sais qu'il y a de fortes chances pour que, en dépit de mes ferventes prières de jeunesse, je meure dans mon fauteuil ou dans un lit. Comme Bernadette Soubirous. Peut-être que je l'aime tant parce qu'elle représente les vertus opposées à mon propre tempérament. La vie de cette fille toute simple me ravit par sa transparence. Aujourd'hui, le sanctuaire qu'elle a fait bâtir à Lourdes attire entre quatre et cinq millions de pèlerins par an. Il n'y a eu qu'un seul fait marquant dans sa vie : l'apparition de la Vierge. Ce « quelque chose de blanc ayant la forme d'une demoiselle » qu'elle voit, dans les interstices d'une grotte, un jour de l'hiver 1858, alors qu'elle va chercher du bois. Quand elle revient au même endroit quelques jours plus tard, ce « quelque chose » lui demande : « Voulez-vous me faire la grâce de venir ici pendant quinze jours ? » Bernadette en est tout éberluée. Personne ne s'est jamais adressé à elle en des termes aussi courtois. Est-ce ce langage que j'emploie, moi, Emmanuelle, quand je demande un service à quelqu'un ? Non. Je devrais, il est l'expression même du respect que le ciel porte aux petits de la terre.

Les autorités, scandalisées par ce que raconte cette enfant de quatorze ans, la menacent d'enfermement si elle continue à se rendre à la grotte et à parler. La petite fille est inébranlable. « J'ai promis, dit-elle simplement, j'irai à la grotte. Je l'ai vue. Je ne dirai pas que je ne l'ai pas vue. » Bernadette me fait comprendre que l'arme la plus forte dans le combat de Dieu n'est ni l'éloquence ni l'intelligence mais la simplicité. J'ai remarqué que les conférences où j'ai simplement laissé parler mon cœur étaient bien meilleures que celles que j'avais préparées dans tous les détails. Quand la Vierge lui confie son secret : « Je suis l'Immaculée Conception », les mots lui paraissent tellement compliqués qu'elle se les remémore tout haut en courant le long du chemin. La Reine du Ciel dévoilant son identité à une pauvre enfant du village : tout le mystère de l'Alliance entre Dieu et les hommes est là !

Huit ans plus tard, devenue religieuse — surtout pour se cacher de toutes les personnes importantes désireuses de se faire raconter les apparitions —, elle est la sœur la plus humble et la plus gaie du couvent, soignant les malades quand elle n'est pas souffrante elle-même. Au noviciat, on l'a même humiliée à cause des apparitions. Bernadette n'est pas montée au Thabor pour contempler Jésus dans sa gloire, comme Pierre. Ni sur l'Alverne pour recevoir les stigmates du sang, comme François. Je crois qu'elle se serait sentie tout à fait à l'aise chez les chiffonniers.

Bernadette n'est morte ni sur une croix ni sur la terre nue. Elle est morte de maladie dans un fauteuil de l'infirmerie du couvent. Une de ses dernière paroles fut : « Ce qu'on dira de moi, le plus simple sera le meilleur. »

Pendant des années, pendant des dizaines d'années même, j'ai rêvé d'être martyre, de devenir une sainte héroïque comme Pierre et François. Maintenant, grâce à Bernadette, j'ai compris que Dieu me demande de terminer mes jours dans la simplicité, sans me poser de questions sur la sainteté et la perfection. De vivre sans masque, comme j'ai pu le faire pendant les cinq premières années dans le bidonville.

Quand je sens mon tempérament bouillonnant qui remonte à la surface, je me dis : « Yallah, Emmanuelle. Deviens petite en te contentant de la dernière place. Deviens simple en refusant tout ce qui te fait rêver. Deviens pauvre, pauvre de cœur surtout, en te dépouillant de toi complètement. Laisse-toi envahir tout entière par Jésus-Christ. Comme le dit saint Paul : “Que ce ne soit plus moi qui vive, mais lui en moi[31].” Ainsi, que tu expires ton dernier souffle sur le bois, sur la terre ou sous une couette, tu auras la mort des grands amants. »

Chapitre X

Au pied de la croix :
Yallah ! En avant !

Ah, la douceur du chant commun au petit matin ! À l'office des laudes, dès avant le petit déjeuner et le soir, avant le dîner, aux vêpres, quand j'entends les voix de mes sœurs, certaines claires et vigoureuses encore, se répondre les unes aux autres, je me demande comment j'ai pu m'en priver pendant vingt-deux ans. « Dieu, tu es mon Dieu, je te cherche dès l'aube », dit l'un des plus beaux psaumes de David. J'ai l'impression que, comme une pierre parmi les autres pierres dans un mur, ma petite voix prend sa place dans la préfiguration d'un chœur céleste pour chanter la louange du Seigneur. « Montagnes et collines, sources et fleuves, louez le Seigneur. Oiseaux dans le ciel, plantes sur la terre, bénissez le Seigneur. » Nous ne sommes plus une trentaine de religieuses à la retraite. Nous sommes l'humanité tout entière qui acclame la beauté et la grandeur de la création.

Depuis trois ans, je vis des retrouvailles. Des retrouvailles, bien sûr, avec tant de sœurs de ma congrégation qui ont marqué ma longue pérégrination autour de la Méditerranée. Mais aussi et surtout avec une foi plus sereine, une vie plus contemplative, telles que nous les avait enseignées mère Marie-Alphonse au temps du noviciat. Et pour ce faire, j'ai besoin de la Vierge Marie. Je ne me sens pas assez forte pour suivre Jésus par mes propres moyens. Pour me libérer de mon orgueil et de mon égoïsme, j'ai besoin de me « couler » dans le regard et dans la vie de sa mère.

Au bidonville, lorsque j'allais de cabane en cabane pour partager les joies et les peines des chiffonniers, je pensais souvent à Marie rendant visite à sa vieille cousine, Élisabeth, qui était enceinte. C'était loin de Nazareth. Elle avait dû s'y rendre à pied alors qu'elle était déjà elle-même enceinte de Jésus[32]. En trottinant dans les ruelles et les fondrières, je m'imaginais cheminant avec elle qui s'était déclarée la « servante du Seigneur ». En récitant mon chapelet, je me demandais : « Vers qui pourrais-je aller aujourd'hui pour lui porter un peu de bonheur ? » Quand Élisabeth, remplie de l'Esprit saint, reconnaît en sa cousine la mère de Dieu, Marie dit ces mots admirables qui montrent qu'elle pense que Dieu est résolument du côté des petits : « Mon âme exulte le Seigneur [...]. Il a dispersé les hommes au cœur superbe. Il a renversé les puissants de leurs trônes et élevé les humbles. » Avec quel plaisir j'ai découvert la Vierge révolutionnaire !

Aujourd'hui, devenue orante — c'est-à-dire religieuse dont l'activité principale est la prière —, je me tourne davantage vers un autre épisode de la vie de Marie : lorsque, sur le Golgotha, elle se trouve au pied de la croix où l'on a cloué son fils. Dans son agonie, Jésus lui dit en désignant l'apôtre Jean : « Voici ton fils. » Puis il dit à celui-ci : « Voici ta mère[33]. » Elle comprend : l'enfant pauvre et nu qu'elle a élevé et aimé lui confie aujourd'hui l'ensemble de l'humanité.

L'humanité pauvre et nue... Quand je marche — un peu moins vite que du temps où je vivais au bidonville ! — sur le petit chemin qui va de ma chambrette à la chapelle, j'y pense souvent. C'est curieux, c'est paradoxal. Mais je me sens plus proche, plus solidaire de la souffrance humaine que lorsque je vivais avec les pauvres. Au Caire, lorsque le soir, la tête dans les étoiles et les pieds dans les ordures, je priais mon chapelet, je me sentais entourée d'un monde presque harmonieux. Certes, il y avait de la détresse matérielle. Certes, parmi ceux qui dormaient dans les cabanes voisines, il y avait des voleurs et des menteurs. Mais aucun des chiffonniers n'aurait jamais laissé tomber un voisin. Revenue en Occident, j'ai découvert la solitude, le désespoir et la détresse morale de tant de Français que je me suis demandé s'ils n'étaient pas les plus pauvres, les plus nus.

Le soir, quand pendant une heure ou deux je me retrouve seule dans notre chapelle, je reprends les lettres de détresse que l'on m'adresse en si grand nombre, je me remémore les visites et les coups de téléphone reçus. Telle mère m'écrit son désespoir d'avoir appris que son fils était atteint du sida. En priant pour elle et son fils, je pense aux milliers qui sont dans le même cas. Une vieille dame me confie qu'elle « se meurt de solitude » dans une maison de retraite de cinquante lits. En lui répondant — c'est ma principale activité de l'après-midi : répondre au courrier et écrire — et en priant le soir, j'essaie de lui transmettre le souffle de Dieu, qui lui permettra de sonner à la porte de sa voisine ou de son voisin. Car je crois à la communion des âmes.

« Mon Dieu, mon Dieu, pourquoi m'as-tu abandonné [34] ? » Je me retrouve, avec Marie, au pied de la croix, et j'entends ce cri déchirant de Jésus. Tout être humain, à un moment donné de sa vie, n'a-t-il pas, à son tour, poussé le même cri ? Je t'aime, Jésus, parce que tu t'es laissé sombrer dans les ténèbres. Comme nous, tu t'es senti en proie à la souffrance et à la mort. Il est des jours où la vie paraît trop dure, trop injuste. Pourquoi cet océan de détresse qui submerge la terre et qui n'épargne même pas les enfants ? Pourquoi Dieu, que tu appelles « Père » — et dont tu nous as dit qu'il faut l'appeler « Notre Père [35] » —, nous abandonne-t-il, toi et nous avec ?

Devant l'holocauste des juifs, devant les massacres en Europe comme en Afrique, devant tous ces morts innocents, mon esprit, parfois, se brouille. L'idée même d'un Dieu d'amour me paraît alors une vaste plaisanterie. À ces moments-là, je regarde Jésus crucifié. Lui qui était juif, je crois qu'il était présent dans son peuple et que, dans la Shoah, il s'est fait recrucifier. Aujourd'hui encore, il est présent dans tous ceux qui souffrent et qui sont affligés.

Mais je le sais, je le crois, je veux le croire : il est ressuscité ! L'ange l'a dit aux femmes qui, après la crucifixion, se rendirent au tombeau pour rendre hommage au mort : « Pourquoi cherchez-vous parmi les morts celui qui est vivant ? Il n'est pas ici. Il est ressuscité [36]. » Alors, Emmanuelle, continue à déposer des fleurs sur les tombes. Car l'homme doit pleurer ses morts. Mais aussi n'oublie pas ton expérience de la Résurrection. Rappelle-toi Beyrouth quand tu y étais arrivée en pleine guerre :

immeubles rasés, magasins éventrés, rues jonchées de carcasses de voitures calcinées. Une telle désolation que cela t'avait fait penser à Dante : « Vous qui entrez ici, perdez toute espérance. » Et souviens-toi, quelques mois plus tard, tu as pu voir comment au sein de nouvelles associations libanaises, des milliers d'hommes, femmes et enfants, apprenaient à se remettre debout, dans la joie : le Liban renaît. Et, chez les chiffonniers, les écoles, les dispensaires, les clubs et les ateliers qui sont sortis de terre ne sont-ils pas là pour rappeler que la Résurrection est possible ? Yallah, Emmanuelle, continue à te battre jusqu'à ton dernier souffle. Prie pour l'enfantement d'un autre monde, mais parle et écris aussi. Inocule aux hommes et aux femmes qui souffrent le sérum donné par celui qui est mort pour nous !

Debout, habitants de la terre ! Luttons ensemble pour la résurrection de la justice et de l'amour ! Debout les morts ! Tressaillez dans vos tombes. Vous avez aimé et lutté sur la terre. Ressuscitez ! Le ciel vous est ouvert.

Jésus, tel que je te connais, tu es vivant. Tu nous rassembles dans ta vie. En avant, humanité pauvre et nue ! Marche dans l'espérance. Tu as un sauveur !

Yallah, en avant ! Au champagne, tous les amis !

Notes

1. J. Ratzinger, *Foi chrétienne hier et aujourd'hui*, Mame, 1976, p. 19.
2. Matthieu VIII, 20.
3. Luc IX, 3.
4. Matthieu XXVI, 38.
5. I Jean IV, 20.
6. Cantique I, 4.
7. Jean VI, 51-56.
8. Jean VI, 68.
9. Cantique VIII, 6.
10. Matthieu XXV, 34-36.
11. Matthieu XIX, 21.
12. Matthieu XIX, 14.
13. Jean XIV, 6.
14. Jean VIII, 3-11.
15. Jean III, 17.
16. Jean II, 25.
17. Marc XI, 15-19.
18. Matthieu XXIII, 13-36.
19. Luc X, 21.
20. Jean XIV, 6.
21. *Pensées*, 233-418.
22. *Pensées*, 793-308.
23. Marc II, 17.
24. Luc I, 52.
25. Actes II, 44-45 et IV, 32-35.
26. Matthieu XIV, 30.
27. I Pierre V, 10.
28. Matthieu XVI, 21-23.
29. Matthieu XVII, 1-8.
30. II Pierre I, 16-18.
31. Galates II, 20.
32. Luc I, 26-58.
33. Jean XIX, 25-27.
34. Matthieu XXVII, 46.
35. Matthieu VI, 9.
36. Luc XXIV, 5-6.

Remerciements

Je tiens à envoyer un joyeux merci à ceux qui m'ont apporté leur précieuse collaboration :

l'abbé Philippe Asso a bien voulu vérifier le texte du point de vue théologique et m'aider à élargir ma vision de Dieu et de l'homme ;

Marlène Tuininga a rajeuni mon style de grand-mère, suranné, qui date du début du siècle ;

Sophie Berlin s'est montrée un guide compétent, soucieux de présenter Jésus *d'une façon propre à intéresser le lecteur.*

Le but du livre était de projeter un petit rayon de lumière sur la personne du Christ. Si cet idéal est atteint, ce sera grâce au concours de ces trois incomparables amis.

Qu'ils soient bénis !

Sœur Emmanuelle

Romans, récits et documents

La littérature conjuguée au pluriel, pour votre plaisir. Des œuvres de grands romanciers français et étrangers, des histoires passionnantes, dramatiques, drôles ou émouvantes, pour tous les goûts...

ADLER Laure
L'année des adieux
4166/4
Chronique de la vie quotidienne à l'élysée sous la présidence Mitterrand. Portrait d'un homme d'exception.

ADLER Philippe
Bonjour la galère !
1868/1
Les amies de ma femme
2439/3
Mais qu'est-ce qu'elles veulent ces bonnes femmes ? Quand il rentre chez lui, Albert aimerait que Victoire s'occupe de lui mais rien à faire : les copines d'abord. Jusqu'au jour où Victoire se fait la malle et où ce sont ses copines qui consolent Albert.

ALLÉGRET Catherine
Les souvenirs et les regrets aussi
4000/7

ALLEGRI Renzo
La véritable histoire de Maria Callas
3699/6

AMIEL Joseph
Question de preuves
4119/5

ANDERSEN Christopher
Mike Jagger le scandaleux
3771/8

ANDREWS Virginia C.
Ma douce Audrina
1578/4

Fleurs captives
Dans un immense et ténébreux grenier, quatre enfants vivent séquestrés. Pour oublier, ils font de leur prison le royaume de leurs jeux et de leur tendresse, à l'abri du monde. Mais le grenier devient un enfer. Et le seul désir de ces enfants devenus adolescents est désormais de s'évader... à n'importe quel prix.

- Fleurs captives
1165/4
- Pétales au vent
1237/4
- Bouquet d'épines
1350/4
- Les racines du passé
1818/5
- Le jardin des ombres
2526/4

La saga de Heaven
- Les enfants des collines
2727/5
- L'ange de la nuit
2870/5
- Cœurs maudits
2971/5
- Un visage du paradis
3119/5
- Le labyrinthe des songes
3234/6

Aurore
Un terrible secret pèse sur la naissance d'Aurore. Brutalement séparée des siens, humiliée, trompée, elle devra payer pour les péchés que d'autres ont commis. Car sur elle et sur sa fille Christie, plane la malédiction des Cutler...

- Aurore
3464/5
- Les secrets de l'aube
3580/6
- L'enfant du crépuscule
3723/6
- Les démons de la nuit
3772/6
- Avant l'aurore
3899/5

Ruby
4253/6
Perle
4332/5

A. NONYME
M. et Mme ont un fils
4036/2 & 4118/2

APOLLINAIRE Guillaume
Les onze mille verges
704/1

ARTHUR
Arthur censuré
3698/5
De la radio à la télé, rien n'arrête Arthur.

Ta mère
4075/2
Ta mère, la réponse
4225/2
Ta mère, la revanche
4365/2
Aimons-nous les uns les autres
4524/2

ARVIGNES Georges
Quelques mois pour l'aimer
4289/2

ASHWORTH Sherry
Calories story
3964/5 Inédit

Romans, récits et documents

ATTANÉ CHANTAL
Le propre du bouc
3337/2

AVRIL NICOLE
Monsieur de Lyon
1049/2
La disgrâce
1344/3
Jeanne
1879/3
Don Juan aujourd'hui pourrait-il être une femme ?
L'été de la Saint-Valentin
2038/1
Sur la peau du Diable
2707/4
Dans les jardins de mon père
3000/2
Il y a longtemps que je t'aime
3506/3

BACH RICHARD
Jonathan Livingston le goéland
1562/1 Illustré
Illusions/Le Messie récalcitrant
2111/1
Un pont sur l'infini
2270/4

BAILLY OTHILIE
L'enfant dans le placard
3029/1
L'enfant qui se laissait mourir
3859/1

BALDACCI DAVID G.
Le pouvoir d'exécuter
4267/7
Ayant surpris par hasard le meurtre d'une jeune femme, un cambrioleur est contraint au silence par les services secrets américains...

BALTIQUE
Labrador présidentiel
Aboitim - 1
4490/3

BARRON JUDY & SEAN
Moi, l'enfant autiste
3900/4

BAYROU FRANÇOIS
Henri IV
4183/6
La vie du souverain préféré des Français, par un historien également ministre de l'Education nationale. Coexistence pacifique, redressement financier, lutte contre la corruption, développement agricole et industriel, réforme de l'enseignement, le parallèle avec notre époque est troublant et passionnant.

DE BEARN MYRIAM & GASTON
Gaston Phébus
- Le lion des Pyrénées
2772/6
- Les créneaux de feu
2773/7
- Landry des bandouliers
2774/5

BELLEMARE P. & ANTOINE J.
Les dossiers extraordinaires
2820/4 & 2821/4
Les dossiers d'Interpol
2844/4 & 2845/4

BELLETTO RENÉ
Le revenant
2841/5
Sur la terre comme au ciel
2943/5
La machine
3080/6
L'Enfer
3150/5
Dans une ville déserte et terrassée par l'été, Michel erre. C'est alors qu'une femme s'offre à lui, belle et mystérieuse...

BERBEROVA NINA
Le laquais et la putain
2850/1
Astachev à Paris
2941/2
La résurrection de Mozart
3064/1
C'est moi qui souligne
3190/8
L'accompagnatrice
3362/4
De cape et de larmes
3426/1
Roquenval
3679/1
A la mémoire de Schliemann
3898/1
Chroniques de Billancourt
4076/3
Dans les années vingt, un petit peuple misérable d'émigrés slaves s'agglutine autour des usines Renault, entre nostalgie et désespoir...

DE BERG JEAN
L'image
1686/1

BERTRAND JACQUES A.
Tristesse de la Balance et autres signes
2711/1

BEYALA CALIXTHE
C'est le soleil qui m'a brûlée
2512/2
Tu t'appelleras Tanga
2807/3

Romans, récits et documents

Le petit prince de Belleville
3552/3

Maman a un amant
3981/3

Assèze l'Africaine
4292/4

L'itinéraire tragique d'Assèze, une jeune Camerounaise, de son village aux mirages de Douala, puis aux « clandés » surpeuplés de Paris. Mêlant avec une magie singulière poésie, lyrisme et humour, Calixthe Beyala fait surgir une foule de personnages d'où émerge le couple étrange que forment Assèze et Sorraya, les sœurs ennemies.

BIGEARD GÉNÉRAL

De la brousse à la jungle
3995/4 Illustré

BLUE CORINE

L'oiseau libre
4493/3

BOCCOLINI LAURENCE

Je n'ai rien contre vous personnellement
4412/3

BOGGIO PHILIPPE

Coluche
3268/7

BORY JEAN-LOUIS

Mon village à l'heure allemande
81/4

BOTTE MARIE-FRANCE & MARI JEAN-PAUL

Le prix d'un enfant
3983/4 Illustré

BOUDARD ALPHONSE

Saint Frédo
3962/3

BOUILLOT FRANÇOISE

La boue
4139/3

BOURDIN FRANÇOISE

Les vendanges de Juillet
4142/6

Terre Indigo
4382/5

Ruinés, les Vallogne quittent Bordeaux en 1920 pour Cuba. Au lieu de la riche plantation qu'ils avaient achetée, ils ne découvrent qu'une cabane...

Juillet en hiver
4496/5

BRANDO MARLON

Les chansons que m'apprenait ma mère
4143/7 Illustré

Marlon Brando retrace sa carrière d'acteur, sa vie d'homme et son engagement pour la défense des Indiens et d'autres minorités opprimées d'Amérique du Nord.

BRAVO CHRISTINE

Avenida B.
3044/3

Les petites bêtes
3104/2

Les grosses bêtes (un érotisme inattendu)
3770/3

Les bêtes, petites ou grosses, sont aussi compliquées que nous et leurs amours sont bien difficiles !

L'adieu à Tolède
4393/6

Changer tout
4497/7

BRIAND CHARLES

Le seigneur de Farguevieille
4074/4

BROUILLET CHRYSTINE

Marie LaFlamme

- Marie LaFlamme
3838/6

- Nouvelle-France
3839/6

- La renarde
3840/6

DE BURON NICOLE

Les saintes chéries
248/3

Vas-y maman
1031/2

Dix-jours-de-rêve
1481/3

Qui c'est, ce garçon ?
2043/3

C'est quoi, ce petit boulot ?
2880/4

Où sont mes lunettes ?
3297/4

Arrêtez de piquer mes sous !
3652/5

Impôts, cotisations, taxes, prélèvements, vignettes, TVA... c'est trop ! Le ras-le-bol d'une contribuable excédée mais d'un humour à toute épreuve.

Arrête ton cinéma !
4251/4

BYRNE BEVERLY

Gitana
3938/8

CAILHOL ALAIN

Immaculada
3766/4 Inédit

CAISNE ARIELLE

L'ortie
3836/1

CALFAN NICOLE

La femme en clef de sol
3991/2

CAMPBELL NAOMI

Swan
3827/6 Inédit

Romans, récits et documents

4554

Composition Nord Compo
Achevé d'imprimer en Europe (France)
par Brodard et Taupin à La Flèche (Sarthe)
le 18 juillet 1997. 1808S-5
Dépôt légal juillet 1997. ISBN 2-290-04554-3
Éditions J'ai lu
84, rue de Grenelle, 75007 Paris
Diffusion France et étranger : Flammarion